بسم الله الرحمن الرحیم

اخلاق فناوری اطلاعات

دکتر حمید شهریاری

قم - ۱۳۸۸

عنوان: اخلاق فناوری اطلاعات

مولف: دکتر حمید شهریاری

ویراستار ادبی: دکتر محمود مهرآوران

تایپ، صفحه‌آرائی: باقر مهرآبادی

چاپ اول: انتشارات دانشگاه قم، ۱۳۸۸

چاپ دوم: نشر بوک‌آد، اچ‌انداس، لندن، ۱۳۹۸

شابک: ۹۷۸۱۷۸۰۸۳۷۶۴۲

مقدمه

توسعه علوم انسانی در کشور ما نیازمند یک پژوهش ترکیبی است. این پژوهش، تلفیقی است بین مطالعات مدرن و استنباط سنتی. از سویی باید تاریخ توسعه هر رشته از این علوم را در دنیای مدرن پی‌جویی کرد و موضوعات و مسائل جدید را شناخت و استدلالهای هر مسأله را در منابع غربی طبقه‌بندی کرد و اقوال روزآمد را در آن یافت. در فلسفه جدید که نوعاً بر مبانی سکولار و غیر دینی استوار گشته است، بنیانهای دینی لحاظ نمی‌گردد. نظریات مدرن نوعاً یا با سنتهای دینی معارض است و یا آن را به امری حاشیه‌ای مبدل ساخته است. گرچه در دنیای پست‌مدرن و حتی مدرن، گهگاه بروز و ظهورهایی حاکی از نگاههای دینی در مسائل جدید مشاهده می‌شود، ولی این نگاهها در دنیای غربِ امروز، شیوعی ندارد و در آن فضا گسترش نقل از این نوع متون نوعاً برای تبیین مردود بودن آنهاست. به هر حال، تسلط بر این نوع پژوهش نیازمند شناخت زبانهای روزآمد دنیا به خصوص زبان انگلیسی است. گرچه امر ترجمه نیز گهگاه به توسعه این نوع پژوهش کمک می‌کند، ولی نظر به تولید مستمر در هر مسأله در دنیای غرب، ترجمه به تنهایی نمی‌تواند کتب و مقالات جدید و روزآمد را دراختیار پژوهشگران قرار دهد. با توجه به توسعهٔ دسترسی به این تولیدات با ابزارهایی چون اینترنت، نیاز به شناخت زبان ملموس‌تر گشته است.

از سویی دیگر باید در سنّت دینی جستجو کرد تا موضوعات جدید را در آن به صورتی عام، یا خاص یافت و مسائل تطبیقی را تبیین و نظریه‌ای تدوین کرد تا پاسخگوی پرسشهای جدید باشد. این مهم نیازمند آگاهی کامل به روش استنباط عقلی و نقلی در علوم دینی است و بدون آن هر پژوهشی برای یافتن پاسخهای جدید در گستره دین، ابتر و ناقص می‌ماند یا در محدوده نقل قولهایی از دنیای مدرن و پست‌مدرن محصور می‌گردد. بدون شناخت زبان عربی و تسلط به متون دینی و دانش تفسیر، فقه، اصول فقه، فلسفه و مانند آن، جز این هم نباید انتظار داشت. پاسخهای مقبول در سنّت دینی به پرسشهای مدرن، نیازمند دانش دین است و معمولاً این کار جز برای دانشمندان و فضلای دینی میسور نیست.

پس برای انجام چنین پژوهشهایی نوعاً به محققانی نیاز داریم که در هر دو محیط کارآمد، به هر دو زبان مسلط و مطالعات بین‌رشته‌ای را پیشه خود ساخته باشند. در غیر این صورت،

یکی از دو نقیصه گریبان تحقیقات ما را خواهد گرفت. اول، از شناخت عمیق مسائل جدید عاجز مانیم و نادانسته، در عالم ذهن، فرضیاتی غیر واقعی را مسأله بینگاریم و به پاسخ به آنها بر مبانی دینی همت گماریم. دوم، مسائل جدید را بشناسیم ولی جز بازگویی پاسخهایی که در دنیای غرب رواج دارند، هنر دیگری از خود نشان ندهیم و ترویج نظریاتی را موجب شویم که با مبانی دینی الفتی ندارند.

بومی‌سازی علوم انسانی، در عصر حاضر، کاری بس دشوار و طرحی دراز مدت است و نباید بدون توجه به دو نقص فوق آن را در دستور کار قرار داد. برای حل این دو نقص، تنها راه حل، منتظر ماندن برای یافتن یا پرورش دادن چنین افرادی که دارای مطالعات بین‌رشته‌ای هستند، نیست. بلکه راههایی میانی و ترکیبی نیز وجود دارد. یکی از آن راهها این است که، همه باید در نهضتی مرکب از ترجمه و رجوع به سنت مشارکت کنیم تا به کمک هم، نقائص یکدیگر را در حوزه و دانشگاه بپوشانیم و هر یک با مزیّت دیگری، خود را تکمیل کند تا در نهایت به تولید علمی در علوم انسانی دست یازیم.

توسعه علوم انسانی در دنیای غرب کاری حدوداً سیصد ساله بوده است. ما نباید تصور کنیم که با تکاسل یا تعجیل می‌توانیم گوی سبقت را در تولید فرآورده‌های علمی در این حوزه از آنان بربابیم. در عین حال، نباید به سنّت بسیار غنی خویش و توانش آن برای حل مشکلات دنیای جدید و زیرساختهای وحیانی و الهی آن که منجی عالم بشریّت است کم‌توجهی کنیم. تاریخ نیز گویای آن است که پیشینه تاریخ سنت ما پربار از نظریه‌پردازانی است که چون ستاره‌ای درخشان در تاریخ علوم و فنون می‌درخشند. و این تجربه تاریخی امیدبخش و روح‌افزاست.

بن‌مایه اصلی این کتاب سخنرانی‌های متعددی بود که در زمان تصدی دبیری شورای عالی اطلاع رسانی در سمینارها و همایش‌های متعدد داخلی و خارجی عرضه کرده بودم. برخی از آنها به صورت نمایش تصویری و برخی از آنها به صورت فیش‌برداری از آیات و روایات و نیز منابع فلسفی اخلاق کاربردی بود که به تناسب با هم ترکیب و تلفیق گشته بود. معمولاً پس از هر سخنرانی عده‌ای از دانشجویان و مخاطبان اظهار می‌داشتند که از مطالب عرضه شده خشنود هستند و مایلند نسخه‌ای از آن را در اختیار داشته باشند. در ابتدا برخی از موضوعات به صورت مقاله در مجلات مختلف به چاپ رسید و در نهایت تصمیم به نگارش

کتابی مستقل، جدّی شد. ولی مدت یک سال و نیم طول کشید تا نگارشهای متفرق سامان یابد و از منابع سنتی و جدید مطالبی به آنها افزوده و به زینت طبع آراسته گردد. آنچه پیش روی دارید حاصل این تلاش است.

این یک کتاب درسی است و سه گروه مخاطب آن هستند. اول دانشجویانی که در علوم انسانی مشغول به تحصیل‌اند و در صددند با ورود به مباحث اخلاق کاربردی مطالعات خویش را غنی کنند. دوم دانشجویان رشته‌های فنی مرتبط با فناوری اطلاعات و ارتباطات که در دروس عمومی یا کاربردی، این درس را برگزیده‌اند. سوم مدیران و علاقمندان به حوزه فناوری اطلاعات که تمایل به آشنایی با مطالعات اخلاقی در این حوزه را کانون توجه خود قرار داده‌اند. به همین جهت لازم شد در این کتاب مقدماتی در حوزه توصیف فلسفه اخلاق و جایگاه اخلاق فناوری اطلاعات در کنار توصیف مباحث فنی گنجانیده شوند تا هر گروه با مباحث مورد نیاز خود آشنا شود. در عین حال نباید تذکر به این نقیصه را نیز فرو گذارد که به دلیل آشنایی هر گروه با حوزه کاری خود، بخشهایی از این کتاب برای آن گروه تکراری است. البته نویسنده سعی بلیغی کرده است که در هر مورد نگارش را با نکاتی سودمند و بدیع همراه سازد تا خوانندگان آشنا به هر بحث نیز بی‌بهره نمانند.

از معاونت محترم پژوهشی دانشگاه و همکاران ایشان در اداره چاپ و نشر دانشگاه تشکر فراوان دارم که مقدمات طبع و نشر این اثر را بر عهده گرفتند و راه را برای عرضه این کتاب هموار کردند.

این اثر را به مقام معظم رهبری هدیه می‌کنم که در این روزهای سخت، آثار درایت و شکیبایی ایشان بر اهل دین و سیاست آشکارتر گشته و اهمیت نظام مقدس جمهوری اسلامی مبتنی بر ولایت فقیه را در نگاه دلسوختگان امام و انقلاب برجسته‌تر ساخته‌اند. در پایان از همه محققان و دانش‌پژوهان درخواست دارم که نگارنده را از نظرات سودمند خویش بهره‌مند سازند و با تذکرات خویش بر غنای این اثر بیافزایند.

حمید شهریاری

shahriari@scict.ir

مرکز تحقیق و توسعه علوم انسانی

فهرست مطالب

فصل اول

تعاریف و تقسیم‌بندی بحث

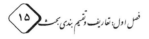

۱ـ۱ تعریف علم اخلاق

۱ـ۱ـ۱ مفاهیم کلیدی و اهداف رفتاری

- انسان دو بعد جسمانی و نفسانی دارد.
- علم اخلاق علمی است که از ملکات انسان و افعال منتهی به این ملکات بحث می‌کند.
- مفاهیم ارزشی به دو دسته تقسیم می‌شوند: مفاهیم ارزشی حوزه اخلاق و مفاهیم ارزشی غیر حوزه اخلاق.
- مفاهیم اخلاقی مفاهیمی چون خوب، بد، باید، نباید، صواب، خطا و وظیفه و مانند آن هستند. گزاره اخلاقی گزاره‌ای است که موضوع آن ملکات نفسانی یا افعال انسان و محمول آن یکی از مفاهیم اخلاقی فوق باشد.

در پایان این بخش انتظار می‌رود:

- اختلاف بین اوصاف جسمانی و اوصاف نفسانی انسان را تشخیص دهید.
- تعریف علم اخلاق و گزاره اخلاقی را بیان کنید.
- رابطه اعمال انسان را با ملکات نفسانی او توضیح دهید.
- شباهت و تفاوت علم فقه و اخلاق را بیان کنید.

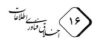

۲ـ۱ـ۱ اوصاف انسان

انسان دو بعد جسمانی و نفسانی دارد. به همین دلیل اوصاف انسان به دو دسته تقسیم می‌شود. دسته اول اوصاف جسمانی او است مانند کوتاهی یا بلندی قد، سبکی یا سنگینی وزن، سفیدی یا سیاهی پوست و دسته دیگر اوصاف نفسانی اوست مانند بخل یا سخاوت، عفت یا هرزگی، شجاعت یا بزدلی، ظلم یا عدالت، حکمت یا بلاهت. اگر اوصاف نفسانی در انسان رسوخ کرده باشد به آن ملکات نفسانی می‌گویند.

۳ـ۱ـ۱ تعریف علم اخلاق

علم اخلاق علمی است که از ملکات انسانی و رفتارهای اختیاری او که به این ملکات منجر می‌شود، بحث می‌کند. این ملکات مربوط به قوای نباتی، حیوانی و انسانی اوست. ملکات را به دو دسته فضیلت و رذیلت تقسیم می‌کنند. غرض از علم اخلاق این است که انسان فضایل را از رذایل باز شناسد و جدا سازد و معلوم کند کدام یک از ملکات نفسانی انسان خوب و فضیلت و مایه کمال اوست. و کدام یک بد و رذیلت و مایه نقص اوست، تا آدمی بعد از شناسایی آنها خود را با فضایل بیاراید و از رذایل دور کند.

همچنین دریابد که کدام یک از اعمال و رفتارهای او خوب است چون موجب پیدایش فضیلت در اوست و کدام یک از اعمال و رفتارهای او بد است چون موجب پیدایش رذیلتی خاص در او می‌شود. انسان در نتیجه تکرار اعمال نیک به فضایل می‌رسد و در نتیجه آن اعمال و فضایل در اجتماع انسانی ستایش عموم و ثنای جمیل جامعه را به خود جلب می‌کند و در نهایت به کمال و سعادت علمی و عملی دست می‌یابد. در مقابل با تکرار اعمال زشت و ناپسند، متصف به رذایل نفسانی می‌شود و در نتیجه آن اعمال و رذایل در اجتماع نکوهش می‌شود و در نهایت به شقاوت که نقطه مقابل سعادت است، می‌رسد.

پس معلوم شد که موضوع علم اخلاق، درباره ملکات (فضایل و رذایل) انسانی و افعالی است که به این ملکات می‌انجامد. برخی از این ملکات خوب و شایسته‌اند مانند

شجاعت، عدالت، سخاوت و عفت و برخی دیگر بد و ناشایست هستند مانند بزدلی، بی‌عدالتی، بخل و هرزگی. می‌توان گفت که علم اخلاق از خوبی و بدی این ملکات و اعمال مربوط به آن بحث می‌کند.

۱-۱-۴ مفاهیم ارزشی

خوب و بد دو مفهوم ارزشی در حوزه اخلاق هستند. مفاهیم ارزشی را به دو دسته تقسیم می‌کنند. مفاهیم ارزشی اخلاقی و مفاهیم ارزشی غیر اخلاقی. منظور از مفاهیم ارزشی غیر اخلاقی مفاهیمی ارزشی هستند که در غیر حوزه اخلاق طرح می‌شوند؛ مانند حوزه هنر و زیبایی‌شناسی در کلماتی همچون زشت و زیبا و مانند حوزه خوراکی‌ها و بوها مانند خوشمزه، بدمزه، خوشبو و بدبو. مفاهیم ارزشی اخلاقی مفاهیمی هستند که در حوزه اخلاق مطرح می‌شوند. مفاهیمی چون خوب (یا شایسته)، بد (یا ناشایست)، صواب (یا درست)،خطا (یا ننشانیت)، وظیفه، بایسته (یا باید)، نبایسته (یا نباید) و مانند آن. از جمله کلید واژگانی که قرآن برای مفاهیم ارزشی به‌کار برده است می‌توان از کلماتی چون ازکی و اطهر (پاکتر و پاکیزه‌تر)، خیر (خوب یا خوبتر) شرّ (بد یا بدتر) وقتی به افعال انسان و اوصاف نفسانی او نسبت داده شود نام برد.

۱-۱-۵ گزاره اخلاقی

با توجه به توضیحاتی که داده شد می‌توان گفت گزاره اخلاقی گزاره‌ای است که موضوع آن ملکات نفسانی یا اعمال اختیاری انسان است که منجر به ملکات نفسانی شود و محمول یا نهاد آن ارزشهای اخلاقی باشد. بنابر این:

راست گفتن خوب است و خیانت بد است. دو گزاره اخلاقی هستند چون موضوع آنها (راست گویی و خیانت) از افعال اختیاری انسان است. «سخاوت خوب است» و «نباید بزدل باشی» یک گزاره اخلاقی است چون موضوع آنها (سخاوت و

بزدلی) از ملکات اخلاقی است. به خلاف «تپش قلب او خوب است» و «این اسب بدی است» چون موضوع آنها ملکات نفسانی یا فعل اختیاری انسان نیست. از همین جا معلوم می‌شود «نماز خواندن واجب است.» گزاره اخلاقی نیست چون گرچه نماز خواندن فعل اختیاری انسان است ولی وجوب نه از مفاهیم اخلاقی بلکه از مفاهیم و محمولات فقهی است. «پروانه زیبا است.» نیز یک گزاره اخلاقی محسوب نمی‌شود چون نه موضوع آن فعل اختیاری انسان یا ملکات نفسانی است و نه محمول آن از مفاهیم ارزشهای اخلاقی است.

برخی معتقدند گاهی خود انسانها و گروهها، احساسات، انگیزه‌ها و اغراض آنها موضوع گزاره اخلاقی می‌شود و از نظر اخلاقی مورد ارزیابی قرار می‌گیرد. مانند: «او آدم خوبی است.» و مانند این آیه:

«وَ اذکُر فِی الکِتابِ اِسماعیلَ اِنَّهُ کانَ صادِقَ الوَعد» (مریم-۵۴)

یاد کن در کتاب اسماعیل را همانا او وفا کننده به وعده‌هایش بود.

در این حال موضوع گزاره اخلاقی خود انسان و محمول آن ملکات و سجایای اخلاقی او است.

۶-۱-۱ شباهت و تفاوت فقه و اخلاق

از همین جا شباهتها و تفاوتهای بین حوزه فقه و حوزه اخلاق معلوم می‌شود. می‌توان گفت که در هر دو علم از اعمال و رفتار اختیاری انسان بحث می‌شود. ولی در اخلاق علاوه بر آن از ملکات نفسانی و روحیات و انگیزه‌های انسانی نیز بحث می‌شود. علاوه بر این در اخلاق درباره اعمال از این نظر بحث می‌شود که به ملکات نفسانی منجر می‌شوند. پس، از راست یا دروغ گفتن که فعل اختیاری انسان است هم در فقه و هم در اخلاق بحث می‌شود. ولی بحث در اخلاق از این جهت صورت می‌گیرد که این فعل در پیدایش ملکه صداقت در انسان دخالت دارد.

فرق دیگر فقه و اخلاق در محمولات گزاره‌های این دو علم است. در اخلاق از خوبی و بدی (زشتی) و مانند آن بحث می‌کنیم ولی در فقه از وجوب و حرمت و مانند آن بحث می‌شود. پس گزاره «دروغ گفتن حرام است.» گزاره فقهی است ولی گزاره «دروغ گفتن خطا و زشت است.» گزاره‌ای اخلاقی است.

۲ـ۱ تقسیم بندی مباحث اخلاقی

۱ـ۲ـ۱مفاهیم کلیدی و اهداف رفتاری

- مباحث اخلاق چهار بحث عمده را شامل می‌شوند: فرااخلاق، اخلاق توصیفی، اخلاق هنجاری و علم تعلیم و تربیت.
- فرا اخلاق از ماهیت، معنا و روش‌شناسی احکام اخلاقی بحث می‌کند.
- اخلاق توصیفی اخلاق یک شخص، گروه، قوم، کشور، فرقه، مکتب، دین و مانند آن است که به روش نقلی- تاریخی و با مطالعات میدانی و متنی مطالعه و بررسی می‌شود.
- اخلاق هنجاری بررسی هنجارها و ناهنجارها در رفتار و ارزیابی ملکات آدمی و تحلیل و تبیین آنها به روش تحلیلی و استدلال عقلی است.
- علم تعلیم و تربیت علمی است که شیوه آراستن نفس به فضایل و صفات نیک نفسانی پرهیز عملی از رذایل و صفات زشت نفسانی را تعلیم می‌دهد.

در پایان این بخش انتظار می‌رود:

- بیان کنید که مباحث اخلاقی شامل چه مباحثی می‌شود.
- دو تفاوت اصلی اخلاق هنجاری با اخلاق توصیفی را توضیح دهید.
- اقسام اخلاق هنجاری را نام ببرید و توضیح دهید.

– جایگاه اخلاق فناوری اطلاعات را در بین مباحث اخلاقی تعیین کنید.

۲ـ۲ـ۱ تقسیم بندی کلی

مباحث اخلاقی چهار حوزه متفاوت را شامل می‌شوند که عبارت هستند از: فرااخلاق، اخلاق توصیفی، اخلاق هنجاری و علم تعلیم و تربیت. اخلاق هنجاری دو زیر شاخه دارد که عبارتند از: نظریه‌های اخلاقی و اخلاق کاربردی.

کتابهایی که عنوان فلسفه اخلاق دارد معمولاً مشتمل بر مباحث فرا اخلاق و مکاتب اخلاقی و حتی گاهی اخلاق کاربردی می‌شوند. در دنیای معاصر به اخلاق کاربردی که یکی از زیر شاخه‌های الحاقی به رشته فلسفه اخلاق است و به ارزش‌های عملی رفتار انسانها در حوزه‌های خاص یا افعال خاص مربوط می‌شود، بسیار اهمیت می‌دهند. موضوعاتی مانند اخلاق پزشکی، اخلاق زیست محیطی، اخلاق روزنامه نگاری، اخلاق تجارت و همچنین اخلاق فناوری اطلاعات رایانه در ذیل رشته علمی اخلاق کاربردی قرار می‌گیرد.

به نمودار ذیل توجه کنید:

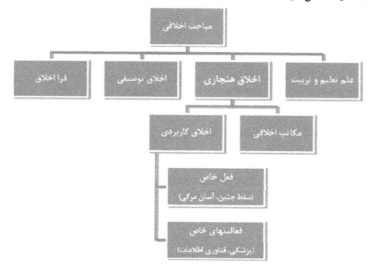

اینک به تعریف هر یک از حوزه‌های نمودار می‌پردازیم:

۳ـ۲ـ۱ فرا اخلاق

فرااخلاق (**Meta-ethics**) از ماهیت، معنا و روش‌شناسی احکام اخلاقی بحث می‌کند. به مثالهای ذیل دقت کنید:

معنای کلمه «خوب» یا «باید» در اخلاق چیست؟

آیا حقایق اخلاقی وجود دارند؟

چگونه می‌توانیم باور به صواب و خطای اعمال را عقلاً توجیه کنیم؟

گزاره‌های اخلاقی انشائی هستند یا اخباری؟

چگونه می‌توانیم اصول اخلاقی خود را برگزینیم؟

مکاتب مختلف، در پاسخ به سؤال اخیر که سؤالی در باب روش‌شناسی گزینشِ اصول و معیارهای اخلاقی است، پاسخهای متفاوتی داده‌اند. به پاسخ مکاتب اخلاقی ذیل توجه کنید:

نسبیت‌گرایی فرهنگی: قائل است به این که کاری خوب است که اکثریت جامعه آن را بپسندند و کاری بد است که اکثریت جامعه آن را ناپسند بدانند.

نظریه فرمان الهی: قائل است به این که کاری خوب است که خدا به آن امر کرده باشد و کاری بد است که خدا از آن نهی کرده باشد.

ذهنیت‌گرایی: بر این باور است که کاری خوب است که بدان میل شخصی داری و کاری بد است که احساس بدی در مورد آن داری.

هر یک از این مکاتب روش خود را برای گزینش اصول اخلاقی توصیه می‌کند.

٤ـ۲ـ۱ اخلاق توصیفی

اخلاق توصیفی (**Descriptive Ethics**) اخلاق یک شخص، گروه، قوم،

کشور،فرقه، مکتب، دین و مانند آن است که به روش نقلی ـ تاریخی و با مطالعات میدانی و متنی مطالعه و بررسی می‌شود. مانند اخلاق ژاپنی، اخلاق پیامبرﷺ، اخلاق اسلامی، اخلاق لیبرال. به مثالهای ذیل دقت کنید:

اخلاق پیامبرﷺ: پیامبر عقیده داشت زنده به گور کردن دختران خطاست.

اخلاق لیبرال می‌گوید: سقط جنین در اختیار مادر است و لذا ذاتاً کار بدی نیست.

اخلاق ژاپنی می‌گوید: در شرایطی خودکشی خوب است.

اخلاق مسیحی می‌گوید: نوع خاصی از شراب خوردن (عشای ربّانی) وظیفه است.

اخلاق سودگرایی می‌گوید: دروغ گفتنِ سودآور، بایسته است.

۵ـ۲ـ۱ اخلاق هنجاری

اخلاق هنجاری (**Normative Ethics**) بررسی هنجارها و ناهنجارها در رفتار و ارزیابی ملکات آدمی و تحلیل و تبیین آنها به روش تحلیلی و استدلال عقلی است. به مثالهای ذیل دقت کنید:

- راستگویی خوب است. دروغگویی بد است
- عفت بایسته است و هرزگی ناشایست است.
- برده داری خطاست و آزادگی صواب است.
- وفای به وعده وظیفه است.

اخلاق هنجاری خود دو نوع بحث را شامل می‌شود:

۱ـ۵ـ۲ـ۱ نظریه‌های اخلاقی

بحث از نظریه‌های اخلاقی (**Normative Theory**) وقتی است که از اصول و معیارهای کلی در باب هنجارها و ناهنجارهای رفتار و ملکات آدمی بحث کنیم طوری که با توجه به امور نظری و انتزاعی، دستور یا توصیه‌ای به نوع خاصی از افعال صورت بگیرد. به مثالهای ذیل دقت کنید:

الف) سودگرایی: قائل است که معیار کلی در باب هنجارها و ناهنجارها سود است. هر کاری که سود بیشتری داشته باشد خوب و گرنه بد است. دروغ‌گویی بد است چون موجب ضرر و زیان اجتماعی است.

ب) لذت‌گرایی: قائل است که معیار کلی در باب هنجارها و ناهنجارها لذت است. هر کاری که در مجموع لذت بیشتری برای همه داشته باشد خیر و خوب است.

۲ـ۵ـ۲ـ۱ اخلاق کاربردی

بحث از اخلاق کاربردی (**Applied Ethics**) وقتی است که بحث از هنجارها و ناهنجارهای مربوط به حوزه خاصی از فعالیت انسان یا فعل خاصی باشد. به مثالهای ذیل توجه کنید:

الف) اخلاق تجارت: که از حوزه خاصی از فعالیتهای انسان (تجارت) بحث می‌کند.

ب) اخلاق فناوری اطلاعات:که از حوزه خاصی از فعالیتهای انسان (کاربرد فناوری‌های اطلاعات) بحث می‌کند.

ج) سقط جنین (از فعل خاصی بحث اخلاقی صورت می‌گیرد.)

د) آسان مرگی (از فعل خاصی بحث اخلاقی صورت می‌گیرد.)

۶ـ۲ـ۱ علم تعلیم و تربیت

علم تعلیم و تربیت (**Pedagogy**) علمی است که شیوه آراستن نفس به فضایل و صفات نیک نفسانی و پرهیز عملی از رذایل و صفات زشت نفسانی را تعلیم می‌دهد. در اینجا یاد می‌گیریم که چگونه به جای این که ترسو باشیم انسانی شجاع شویم. راه‌های عملی شجاع شدن در این علم مطالعه می‌شود و به کمک پزشک رذایل نفسانی همچون یک بیماری (نفسانی) درمان می‌گردد. به فیلم آموزشی ذیل توجه کنید:

(در اینجا یک قطعه فیلم آموزشی مندرج است. این فیلم را می‌توانید در نشانی ذیل جستجو کنید: **snake phobiawww.youtube.com :**)

در این فیلم دکتر روان‌پزشک در یک تلاش موفق می‌شود ترس از مار را در وجود شخصی که از مار می‌ترسد، تا حدود زیادی بزداید.

۳ـ۱ تعریف فناوری اطلاعات و ارتباطات

۱ـ۳ـ۱ مفاهیم کلیدی و اهداف رفتاری

– فناوری اطلاعات و ارتباطات، دانش بهره‌مندی از ابزارهای فنی (شامل نرم‌افزار، سخت‌افزار و شبکه) برای دستیابی به جامعه اطلاعاتی است.

– حوزه فناوری‌های اطلاعات و ارتباطات به پنج بخش تقسیم می‌شود که شامل دسترسی به شبکه، یادگیری شبکه‌ای، جامعه شبکه‌ای، اقتصاد شبکه‌ای و سیاست‌گذاری شبکه‌ای است.

– بخش دسترسی شامل زیرساخت‌های شبکه (که ابزاری فنی برای ارتباطات هستند) نرم‌افزارهای بنیادین و کاربردی و تجهیزات مورد نیاز است.

– یادگیری شبکه‌ای شامل عواملی همچون دسترسی مدارس به فناوری‌های اطلاعات و ارتباطات، میزان استفاده از این امکانات برای ارتقای کیفیت و کمیت آموزش و نیز نیروی انسانی آموزش دیده برای کاربرد آنها در زندگی و کسب و کار روزانه مردم و نهادهای اجتماعی است.

– جامعه شبکه‌ای جامعه‌ای است شامل انسان‌ها و سازمان‌های برخط و محتواهای تولید شده به وسیله آنها و ساماندهی این محتواها که همه به صورت برخط در دسترس و مورد علاقه و نیاز مردم هستند. همچنین میزان استفاده مردم از این فناوری‌ها در زندگی روزمره و در محل کارشان مربوط به این زیربخش است.

– اقتصاد شبکه‌ای ارتقای سطح استفاده از خدمات فناوری اطلاعات در مدیریت فرایندها، ارتباط با مشتری و زنجیره‌های تأمین بنگاه‌های اقتصادی و فرایندها و

تعاملات دستگاه‌های دولتی و در نهایت ایجاد فرصت‌های شغلی جدید را هدف قرار می‌دهد.

– سیاست‌گذاری شبکه‌ای توانمندی سیاست‌گذاران و رهبران در تحلیل راهبردی پدیده‌های نوین در فناوری اطلاعات و متناسب با آن، راهبری جامعه به سوی توسعه متوازن و هماهنگ با فرهنگ بومی را هدف قرار می‌گیرد.

در پایان این بخش انتظار می‌رود:

– دانش فناوری اطلاعات و ارتباطات را تعریف کنید و چگونگی تولید اطلاعات از داده‌های خام را شرح دهید.

– بخش‌های اصلی در فناوری اطلاعات و ارتباطات را نام برده و وظیفه و اهداف هر بخش را توضیح دهید.

۲ـ۳ـ۱ تعریف فناوری اطلاعات و ارتباطات

فناوری اطلاعات و ارتباطات، دانش بهره‌مندی از ابزارهای فنی (شامل نرم‌افزار، سخت‌افزار و شبکه) برای دستیابی به جامعه اطلاعاتی است. *فناوری اطلاعات* عبارت است از سازماندهی و تبادل اطلاعات الکترونیکی از طریق اجرا، توسعه و نگهداری سیستم‌های سخت افزاری و نرم افزاری و شبکه‌ای. *فناوری ارتباطات* به حوزه‌ای از فناوری اشاره دارد که به ارتباطات انسانی از طریق ابزارهای دیجیتالی می‌پردازد. این ابزارها شامل نظام‌های شبکه‌ای همچون اینترنت و اینترانت، نرم‌افزارهایی همچون مرورگرهای وب و پست الکترونیکی و سخت‌افزارهایی چون تلفن ثابت و همراه، شبکه‌های رایانه‌ای، فیبر نوری، ماهواره‌ها و دیگر ابزارهای ارتباطاتی صوتی، تصویری و متنی است. باید توجه داشت که ارتباطات رشته‌ای علمی هم در حوزه علوم انسانی و هم در حوزه فنی مهندسی است و هر حوزه به تناسب به مباحث اخلاقی مختلفی نیاز دارد.

در توضیح باید گفت سازماندهی کردن گاهی با «نشان گذاری» (Formatting/Tagging) داده‌ها صورت می‌گیرد. داده‌ها (Data) تا وقتی که نشانه نداشته باشند و عنوان‌بندی نشده باشند تبدیل به اطلاعات (Information) نمی‌شوند. در واقع داده‌ها، اطلاعات خام و طبقه‌بندی نشده هستند و با «نشان گذاری»، داده‌های (نامنظم و طبقه بندی نشده) به اطلاعات (منظم و طبقه بندی شده) تبدیل می‌شوند. زمانی از فناوری اطلاعات صحبت می‌شود که اطلاعات وجود داشته باشد. امروزه تولید اطلاعات یکی از ابزارهای توسعه تلقی می‌شود. در حال حاضر داده‌های زیادی در کشورمان وجود دارد، دانشمندان کنونی ما داده‌های زیادی را تولید می‌کنند، سنت ما نیز از نظر «داده»ها بسیار غنی است. اما این داده‌ها زمانی به کار می‌آیند که به اطلاعات تبدیل شوند و فرایند تبدیل داده به اطلاعات به زمان و هزینه زیادی نیاز دارد. وقتی که این داده‌ها به اطلاعات تبدیل و عنوان‌بندی شده باشند، آنگاه دستیابی آسان به آنها، طبقه‌بندی و جستجوی آنها با کاربست فناوری اطلاعات ممکن می‌شود و با فناوری ارتباطات در اختیار همگان قرار می‌گیرد. تبادل اطلاعات وقتی است که اطلاعات امکان انتقال داشته باشند و شما بتوانید اطلاعات خود را برای هر فرد دیگری که به شبکه دسترسی دارد، بفرستید. امروزه ابزارهای تبادل اطلاعات به سرعت رو به نو شدن است و اینک شما می‌توانید در برخی از کشورهای جهان با یک تلفن همراه غیر از مکالمه صوتی و ارسال پیامک، به تبادل اطلاعات تصویری بپردازید، با آن برنامه‌های دلخواه تلویزیونی و سینمایی ببینید، به اینترنت وصل شوید و نامه‌های الکترونیکی خود را مرور کنید.

امروزه فناوری اطلاعات ذخیره سازی اطلاعاتی را ممکن ساخته است که در گذشته جز با انبارهایی بزرگ از پرونده‌های قطور ممکن نبوده است. اما این امر کمّی تنها خصوصیت عصر اطلاعات نیست. امروزه فناوری اطلاعات بازیابی اطلاعاتی را میسور ساخته که در گذشته یا بسیار مشکل بوده یا اصلاً ممکن نبوده است. اگر

می‌خواستیم از مجموعه لغات یک کتاب حجیم بیست جلدی به صورت دستی فهرست نویسی کنیم، اتمام آن سالها به طول می‌انجامید و خطاهای انسانی در آن بسیار محتمل بود. اما امروزه این کار با کمک فناوری اطلاعات با دقت بسیار بیشتر و کمیتی قطعی‌تر به آسانی چند بار تقه زدن بر روی کلید موشواره میسّر است.

۳-۳-۱ بخشهای اصلی در فناوری اطلاعات و ارتباطات

مطابق روش‌شناسی ترسیم شده از سوی دانشگاه هاروارد که با مساعدت شرکت‌ای بی ام صورت گرفته است حوزه فناوری‌های اطلاعات و ارتباطات به پنج بخش تقسیم می‌شود که شامل دسترسی به شبکه، یادگیری شبکه‌ای، جامعه شبکه‌ای، اقتصاد شبکه‌ای و سیاست‌گذاری شبکه‌ای است.

بخش دسترسی شامل زیرساختهای شبکه که ابزاری فنی برای ارتباطات هستند، نرم‌افزارهای بنیادین و کاربردی و تجهیزات مورد نیاز است. توسعه شبکه تلفن ثابت و همراه، توسعه شبکه فیبرنوری، انواع ارتباطات بی‌سیم اینترنتی، توسعه ارتباطات ماهواره‌ای و کانالهای صوتی و تصویری از جمله مباحث مربوط به این بخش است.

یادگیری شبکه‌ای شامل عواملی همچون دسترسی مدارس به فناوری‌های اطلاعات و ارتباطات، میزان استفاده از این امکانات برای ارتقای کیفیت و کمیت آموزش و نیز نیروی انسانی آموزش دیده برای کاربرد آنها در زندگی و کسب و کار روزانه مردم و نهادهای اجتماعی است. گستره این امر حوزه آموزش مهارتهای کارمندی ادارات و بخش خصوصی و حوزه دانش‌آموزی و دانشجویی و حتی منازل را شامل می‌شود.

جامعه شبکه‌ای جامعه‌ای است شامل انسانها و سازمانهای برخط و محتواهای تولید شده به وسیله آنها و ساماندهی این محتواها که همه به صورت برخط در دسترس و مورد علاقه و نیاز مردم هستند. همچنین میزان استفاده مردم از این فناوری‌ها در زندگی روزمره و در محل کارشان مربوط به این زیربخش است. میزان اعتماد و باور

مردم به ارزش افزوده فناوری اطلاعات و وجود قوانین مورد نیاز و جامع در فضای دیجیتالی و ارتباطات حاصل از این فناوری‌ها بین انسانها از آن جمله محسوب می‌شوند. این نوع جامعه شبکه‌ای جنبه انسانی دارد و دانش متکفل آن از دانش‌های مرتبط با علوم انسانی شاخه جامعه‌شناسی و رشته ارتباطات است و ربطی به ارتباطات زیرساختی و فنی ندارد و کارشناسان بخش فنی مهندسی نیز تخصص سیاستگذاری را در آن ندارند.

از همین جا معلوم می‌شود که این بخش، رسیدگی به مباحث اخلاقی در حوزه فناوری اطلاعات را نیز شامل می‌شود. اخلاق علمی مربوط به رفتارهای آدمی است و این رفتارها در محتوا و ارتباطات جامعه شبکه‌ای از همه بیشتر بروز خواهد یافت. بخش قوانین و مقررات این حوزه از اهمیت ویژه‌ای برخوردار است و در کنار آن بخش محتوای الکترونیکی و مدیریت محتوای ملی بسته به این که محتواها مربوط به چه حوزه‌ای باشد نیازمند متخصصان همان حوزه است.

بخش چهارم، اقتصاد شبکه‌ای است. ارتقای سطح استفاده از خدمات فناوری اطلاعات در مدیریت فرایندها، ارتباط با مشتری و زنجیره‌های تأمین بنگاه‌های اقتصادی و فرایندها و تعاملات دستگاه‌های دولتی و در نهایت ایجاد فرصتهای شغلی جدید را هدف قرار می‌دهد. دولت الکترونیک و تجارت الکترونیک برای مصرف کنندگان و تجّار در این زیر بخش قرار می‌گیرند. ایجاد ارتباط برخط بین سازمانهای دولتی و سهولت خدمت‌رسانی تعاملی به مردم در کنار امنیت و آرامش خاطر ایشان در مورد مبادلاتشان از جمله اهداف آن است. همچنین دولت می‌تواند از این ابزارها برای کارآمدتر ساختن تدارکات و تقویت ارتباطات شرکتهای پیمان‌کار دولتی بهره‌مند شود.

در بخش پنجم که سیاست‌گذاری شبکه‌ای است، توانمندی سیاستگذاران و رهبران در تحلیل راهبردی پدیده‌های نوین در فناوری اطلاعات و متناسب با آن، راهبری جامعه به سوی توسعه متوازن و هماهنگ با فرهنگ بومی هدف قرار می‌گیرد. تعیین

مسیر خصوصی‌سازی شرکتهای مخابراتی و ارتباطاتی، ایجاد سیاستهای رقابتی بین آنها برای کاهش قیمتهای دسترسی، تعیین میزان آزادی دسترسی به اطلاعات با توجه به حساسیت‌های محلی و ملی و سیاستگذاری‌های امنیتی و سیاسی از جمله این اهداف است. تحولات چشمگیر آتی فرهنگ جهانی را به شدت دچار تحولات بنیادین خواهد کرد و مفاهیم فرهنگی، اقتصادی و امنیتی جدیدی شکل می‌گیرد و توجه حاکمیتی به این حوزه از مهمترین مسئولیتهای نظام است، به گونه‌ای که ضمن سیاستگذاری متناسب با توسعه علمی کشور، سطح دسترسی به اطلاعات نیز به طور طبقه‌بندی شده تعریف شود. پی‌گیری امور حاکمیت اینترنت و قوانین لازم برای حفظ امنیت در کنار روان‌سازی این قوانین به منظور اجرای برنامه‌های توسعه ملی از جمله اهداف این زیربخش محسوب می‌شود.

فصل دوم

تاریخچه و کلیات اخلاق فناوری اطلاعات

۱ـ۲ تاریخچه اینترنت

۱ـ۱ـ۲ مفاهیم کلیدی و اهداف رفتاری

- اینترنت یکی از ابزارهای فناوری اطلاعات و ارتباطات است که اولین گام‌های تأسیس آن به اوائل دهه ۱۹۶۰ باز می‌گردد. عنوان اولیه آن آرپانت بود و بعدها با تکامل ابزارها و روش‌های اتصال در سال ۱۹۹۳ نام اینترنت به خود گرفت.
- بعد از دهه ۱۹۸۰ یک شبکه علمی برای ارتباط بین مراکز علمی و محققان دانشگاهی، و شبکه دیگری برای استفاده‌های غیر علمی به کمک شرکت «آی بی ام» به نام بیت‌نت تأسیس گردید.
- مودم دستگاهی است که به واسطه خط تلفن با رایانه‌های دیگر ارتباط برقرار می‌کند. اختراع این دستگاه رایانه‌ها را بدون نیاز به شبکه آرپا به هم متصل می‌کرد.
- در فضای وب اطلاعات به صورت مستندات صفحه‌ای بر روی شبکه اینترنت قرار می‌گیرند و با یک مرورگر قابل مشاهده هستند.
- از جمله فرصت‌های اینترنت این است که امکاناتی برای ما فراهم کرده

است تا تولیدات علمی و فرهنگی خود را از طریق شبکه منتشر کنیم.

- از جمله چالش‌های اینترنت این است که ضمن تسریع فرایند جهانی شدن، اطلاعات فرهنگ‌ها و تمدن‌های ملل مختلف را در دسترس همدیگر قرار می‌دهند و فرهنگ‌های بومی را تهدید می‌کند و از زوال تدریجی آنها خبر می‌دهد.

در پایان این بخش انتظار می‌رود.

- نحوه پیدایش اینترنت و تاریخچه آن را به نحوی دقیق بیان کنید.
- درک جامعی از شبکه وب داشته باشید. و تاریخچه ورود اینترنت را به ایران بیان کنید.
- فرصت‌هایی را که اینترنت در اختیار جامعه ما قرار داده است تبیین کنید.
- چالش‌هایی که فضای شبکه‌ای موجب آن گشته است برشمارید و تهدیدهای اخلاقی آن را گوشزد کنید.

۲ـ۱ـ۲ تاریخ تأسیس اینترنت

اینترنت یکی از ابزارهای فناوری اطلاعات و ارتباطات است. پایه‌گذاری اینترنت به اوایل دهه ۱۹۶۰ میلادی باز می‌گردد. در آن زمان در مؤسسه تحقیقاتی پروژه‌های پیشرفته (Advanced Research Project Agency) موسوم به آرپا (ARPA) متعلق به کشور امریکا طرحی اجرا شد که در آن زمان برای کارکردهای دفاعی در مقابل پرتاب نخستین قمرهای مصنوعی شوروی به وجود آمده بود. در آن زمان چیزی به نام کامپیوتر شخصی وجود نداشت بلکه سازمان‌های بزرگ و دانشگاه‌ها و مراکز دولتی معمولاً دارای سیستم‌های کامپیوتری بزرگی (Main Frame) بودند. طرح آرپا این بود که این کامپیوترها که در شهرهای مختلف بودند و هر کدام اطلاعات خاص خود را در آن ذخیره داشتند در صورت نیاز به یکدیگر متصل شوند و اطلاعاتشان را به یکدیگر منتقل کنند

و یا در صورت ایجاد بستر مناسب اطلاعات را در حالت اشتراک قرار دهند.

در همان دوران سیستم‌هایی به وجود آمده بود که امکان ارتباط را بین کامپیوترهای یک سازمان از طریق شبکه مختص همان سازمان فراهم می‌کردند، طوری که کامپیوترهای موجود در بخش‌ها یا طبقات مختلف با یکدیگر اطلاعات تبادل می‌کردند و امکان ارسال نامه بین بخش‌های مختلف سازمان را فراهم می‌آوردند که اکنون به این سیستم ارسال نامه پست الکترونیک می‌گویند. درسال ۱۹۶۱ تعداد چهار کامپیوتر در دو ایالت مختلف با موفقیت ارتباط برقرار کردند و با اضافه شدن واژه نت به طرح اولیه، نام آرپانت (**ArpaNet**) برای آن منظور شد. در دهه ۱۹۷۰ با تعریف استانداردهای جدیدتر شبکه‌های رایانه‌ای (که به آن پروتکل می‌گویند) از جمله **TCP** که تا به امروز رواج دارد و نیز مشارکت تعداد بیشتری از کامپیوترهای میزبان (**Host**) با آرپانت و حتی گسترده شدن آن به برخی نواحی فراتر از مرزهای امریکا، آرپانت شهرت بیشتری یافت و ایده اینترنت همراه با جزییات بیشتر در بارهٔ شبکه‌های کامپیوتری مطرح گشت. طی سال‌های پایانی دهه ۱۹۷۰ شبکه‌های مختلف تصمیم گرفتند به صورت شبکه‌ای با یکدیگر ارتباط برقرار نمایند و آرپانت را به عنوان هسته اصلی انتخاب کردند. بعد از دهه ۱۹۸۰ بنیاد ملی علوم در امریکا علاوه بر ایجاد یک شبکه علمی برای ارتباط بین مراکز علمی و محققان دانشگاهی، شبکه دیگری برای استفاده‌های غیر علمی به کمک شرکت‌ای بی ام (**IBM**) به نام بیت‌نت (**Bitnet**) تأسیس کرد. با توجه به آن که تمام شبکه‌های مذکور، در فعالیت‌ها و تماس‌های ارتباطی خود، از سیستم اطلاعات «آرپانت» بهره‌مند می‌شدند، مدتی این شبکهٔ میان‌شبکه‌ای «آرپا اینترنت» نام گرفت. بعدها با اختراع دستگاه مودم به کمک خطوط تلفن این امکان برای همه فراهم گشت که خارج از شبکه آرپا رایانه‌های خود را به هم متصل کنند. سپس در سال ۱۹۹۳ با توسعه کاربردهای این شبکه، نام «اینترنت» روی این شبکه بزرگ گذاشته شد.

به موازات این تحولات دستگاه‌های رایانه نیز پیشرفت کردند و رایانه‌های شخصی به بازار آمدند و امکان گسترش شبکه‌ها را افزایش دادند و هر روز به قابلیت‌های آنها اضافه می‌شد تا این که اینک به جایی رسیده‌ایم که می‌توان آنها را در یک کیف دستی جا داد. تلفن همراه از تولیداتی است که دنیای شبکه‌ای را دستخوش تحولاتی شگرف کرده است و به زودی جای بسیاری از رایانه‌های شخصی را خواهد گرفت. به کمک تلفن همراه دریافت صوت، تصویر و متن یک باره میسور گشته است و اینک ابزار دریافت نامه‌های الکترونیکی و تماس با اینترنت در کنار تماشای برنامه‌های رادیویی و تلویزیونی، همه، با یک تلفن همراه که در جیب جا می‌شود ممکن گشته است.

وب یا همان **WWW** را که مخفف **World Wide Web** (به فارسی: تار جهان‌گستر) می‌باشد، آزمایشگاه اروپایی فیزیک ذرات سرن (**Cern**) در پی نیاز به دسترسی مرتب‌تر و آسان‌تر به اطلاعات موجود روی اینترنت ابداع کرد. در این روش اطلاعات به صورت مستنداتی صفحه‌ای بر روی شبکه اینترنت قرار می‌گیرند و به وسیله یک مرورگر وب قابل مشاهده‌اند و هم اکنون کارکردهای بسیاری دارند.

در سال ۲۰۰۸ بیش از ۱/٤ میلیارد نفر از مردم جهان به اینترنت دسترسی داشته‌اند و این آمار همچنان به طور تصاعدی رو به افزایش است.

۲-۱-۳ اینترنت در کشور ما

نخستین بار مرکز تحقیقات فیزیک نظری، اینترنت را به ایران آورد. در ایران به سال ۱۳۷۱ تعداد کمی از دانشگاه‌ها، از جمله دانشگاه صنعتی شریف و دانشگاه گیلان، از طریق مرکز تحقیقات فیزیک نظری و پروتکل **UUCP** به اینترنت وصل شدند تا با دنیای خارج پست الکترونیک رد و بدل کنند. در حال حاضر نیز این مرکز به عنوان تنها نهاد ثبت اسامی قلمرو [**.ir**] در ایران به رسمیت شناخته می‌شود. این قلمرو مشخّصه تعیین شده برای هویت ایران در فضای اینترنت است. در سال ۱۳۷۳ مؤسسه ندا رایانه

تأسیس شد و پس از راه‌اندازی اوّلین بولتن بورد (**BBS**)، در عرض یک سال اوّلین وبگاه ایرانی داخل ایران را نیز راه‌اندازی کرد. همچنین، این مؤسسه روزنامه همشهری را به زبان فارسی در اینترنت منتشر کرد، که اوّلین روزنامه رسمی ایرانی در وب محسوب می‌شود. در همین سال به دنبال اتصال به اینترنت از طریق ماهواره کانادائی کد ویژن (**Cad Vision**)، مؤسسه ندا رایانه فعالیت بازرگانی خود را به عنوان اوّلین شرکت خدمات سرویس اینترنتی (**ISP**) آغاز کرد. در سال ١٣٧٤ مجلس ایران تأسیس شرکت امور ارتباطات دیتا تحت نظر شرکت مخابرات ایران را تصویب کرد و مسؤلیت توسعه خدمات دیتا را در سطح کشور به طور انحصاری در اختیار آن شرکت قرار داد. از آن زمان تاکنون کاربرد اینترنت به طور چشمگیری رو به گسترش است. در حالی که در سال ١٣٨٠ تنها ٢٥٠ هزار نفر از مردم ایران به اینترنت دسترسی داشتند، در سال ١٣٨٧ تعداد کاربران اینترنتی در ایران بالغ بر ٢٣ میلیون نفر بوده است و ما دومین کشور از نظر نرخ دسترسی به اینترنت (٣٤/٩٪) در خاورمیانه هستیم. بنابر این در کشور ما از عمر نشانی پایگاه‌های اینترنتی (**www.**) حدود چهارده سال می‌گذرد و این امر نشان دهنده نوپایی این صنعت است.

٢ـ١ـ٤ فرصت‌ها و چالش‌های اینترنت

اینک ما فرصتهایی برای ابلاغ پیام‌های علمی و فرهنگی خویش به دست آورده‌ایم که در طول تاریخ بی‌سابقه بوده است. ما می‌توانیم فعالیت‌هایی صورت دهیم که در طول قرون گذشته امکان آن فراهم نبوده، در حالی که انبوهی از اطلاعات فرهنگ غرب حدود یک قرن و نیم است که گوش مردم دنیا را از طریق برنامه‌های رادیویی، تلویزیونی، ویدیویی و ماهواره‌ای پر کرده است. ما نیز گرچه این ابزارها را در اختیار گرفتیم ولی در عمل بیشتر مصرف کننده بودیم و آنجا هم که تولید کرده‌ایم ابزارهای کافی برای انتشار وسیع تولیدات خود نداشته‌ایم.

اینک اینترنت این فضا را برای ما ایجاد کرده تا تولیدات خود را به صورت وسیعی انتشار دهیم و ما برای این کار ابزارها و تجهیزات چندانی نیاز نداریم. کتابخانه‌های بزرگ دنیا امروز در خانه ماست، ارتباط با شخصیت‌های علمی جهانی با کمترین هزینه و زمان ممکن گشته، تفریحات سالم جدیدی پا به عرصه گذاشته، صوت و تصویر در اطلاعات چندرسانه‌ای با شمول و گستردگی غیرقابل وصفی انتشار یافته است. فضای دیجیتالی دنیای یادگیری را از مدارس و دانشگاه‌هابه خانه توسعه داده و بزرگترین اساتید و کلاس‌های درسشان را پیش چشمان ما آورده، تولید اطلاعات انبوه، خلأ اطلاعات در عصر پیشین را به انفجار اطلاعات تبدیل کرده و جامعه اطلاعاتی را شکل داده است. موتورهای جستجو، جستجوهای جانکاه سنتی را به تاریخ پیوند داده، با نشر الکترونیک شغل قدیمی استنساخ٬ منسوخ شده و صنعت چاپ و نشر کتاب را وارد بستر جدیدی کرده است، به طوری که می‌توان با یک دیسک نوری بیش از ۱۵۰۰ جلد کتاب را حمل کرد و هنگام مسافرت می‌توان با یک دستگاه رایانه شخصی یک کتابخانه بزرگ را به همراه داشت. در یک کلام دانایی‌محوری جای جدیدی در حیات بشر یافته است، سلامت الکترونیک این امکان را فراهم آورده تا پزشک و بیمار در عین فاصله‌ای قاره‌ای در کنار هم باشند.

اینترنت همان قدر که برای ما فرصت‌سازی کرده برای کل دنیا نیز امکاناتی را برای عرضه محصولات خود در حدی بسیار وسیع فراهم کرده است. از این رو چالشهایی برای همه تمدن‌هاو فرهنگ‌هاایجاد شده است. جهانی شدن از چالشهایی است که فرهنگ و تمدن ملل را به صورت‌های مختلف در معرض تهدید قرار داده است. زبان انگلیسی، خط و زبان ملل را به چالش کشیده و محیط‌های سخت و نرم فناوری را به نفع خود تصاحب کرده است. مرزهای بین‌المللی شکسته شده و به نوعی همه اهالی دهکده جهانی در چند قدمی یکدیگر قرار گرفته‌اند. حاکمیت‌های محلی مخدوش گشته، تجارت الکترونیک بازارهای سنتی را کم‌رونق ساخته، ارتباطات انسانی

با ابزارهای چندرسانه‌ای و پست‌های الکترونیکی ساحتهایی جدید و وسیع پیدا کرده، آداب، رسوم و تفریحات سالم ملل جهان به سوی یکسان شدن میل یافته، خدمات دولت الکترونیک مراجعه مردم به پیشخوان‌های دولتی را شدیداً کاهش داده است. در عین حال نیاز به حاکمیتی جدید در حوزه اینترنت بحثی جدی در روزگار ما شده است.

از سویی دیگر، جرم و جنایت مجال‌های جدید و گسترده‌ای پیدا کرده، مالکیت فکری و حریم خصوصی افراد به خطر افتاده، رواج فساد اخلاقی از طریق وقیح‌نگاری الکترونیکی چالشهایی را برای فضیلت عفت و پاکدامنی پدید آورده و معنویت جوامع را مورد حمله قرار داده است. سارقانی پیدا شده‌اند که به جای شکستن شیشه و قفل درها با سنگ و دیلم، هنرشان باز کردن قفل‌های نرم و دستبردهای الکترونیکی است، بچه‌های شما نه فقط در کوچه که علاوه بر آن در حالی که در اطاق مطالعه خانه نشسته‌اند، در معرض آسیب‌های اجتماعی قرار دارند. هرزنامه‌های اینترنتی در کنار ویروس‌های رایانه‌ای از معضلات اساسی جامعه شبکه‌ای شده است.

اگر ما نتوانیم فرصت‌های جامعه اطلاعاتی را به خوبی مدیریت کنیم از قافله جهانی علم عقب خواهیم افتاد و فضای جذاب فرصت‌ساز آن را از دست خواهیم داد. اگر به چالش‌های آن نیز توجه کافی مبذول نشود مشکلاتی پدید خواهد آمد که ممکن است شکستهای جبران‌ناپذیری برایمان ببار بیاورد . در عین حال اگر چالش‌های آن برجسته‌تر از آنچه واقع است به تصویر کشیده شود فرصت‌سوزی جای آن را خواهد گرفت.

۲ـ۲ چیستی اخلاق فناوری اطلاعات و ارتباطات

۱ـ۲ـ۲ مفاهیم کلیدی و اهداف رفتاری

- اخلاق فناوری اطلاعات و ارتباطات به مسائلی از اخلاق می‌پردازد که کاربرد و گسترش فناوری اطلاعات و ارتباطات و رشد و توسعه به کار

گیری رایانه‌ها و دیگر دستگاه‌های ارتباطاتی موجب آن گشته است.

- اخلاق رایانه به مباحثی اخلاقی می‌پردازد که عمدتاً به ماشین‌های رایانه‌ای یا شغل‌های مربوط به آن در حوزه سخت افزار و نرم افزار مربوط می‌شود.

- هدف از اخلاق فناوری اطلاعات و ارتباطات پاسخ گویی به سؤالات مربوط به بنیان‌های ارزشی افعال و مسئولیت‌های افراد و نیز سیاست‌های دولت و زیر بناهای ارزشی قوانین و مقررات در حوزه رایانه و فناوری اطلاعات و ارتباطات است.

در پایان این بخش انتظار می‌رود:

- اخلاق فناوری اطلاعات و ارتباطات را توصیف کنید.

- تفاوت بین اخلاق فناوری اطلاعات و ارتباطات را با اخلاق رایانه و اخلاق اینترنت بدانید.

- هدف از اخلاق فناوری اطلاعات و ارتباطات را توضیح دهید.

۲-۲-۲ تعریف اخلاق فناوری اطلاعات و ارتباطات

اخلاق فناوری اطلاعات موضوعی میان رشته‌ای است که بحث کردن از آن به آشنایی و تخصص در دو حوزه اخلاق و حوزه فناوری اطلاعات نیازمند است. این بحث به مسائلی از اخلاق می‌پردازد که کاربرد و گسترش فناوری اطلاعات و ارتباطات و رشد و توسعه به کارگیری رایانه‌ها و دیگر دستگاه‌های ارتباطاتی موجب آن گشته است.

واژه «*اخلاق رایانه*» یا «*اخلاق اطلاعات*» یا «*اخلاق فناوری اطلاعات*» از جمله واژگانی است که به بحث ما مربوط است. گرچه این مفاهیم به حوزه‌هایی مربوط به

هم اشاره می‌کنند، ولی نباید هر یک را با عنوان «*اخلاق فناوری اطلاعات و ارتباطات*» خلط کرد. «*اخلاق رایانه*» بیشتر به مباحثی از اخلاق می‌پردازد که عمدتاً به ماشین‌های رایانه‌ای یا شغل‌های مربوط به آنها در حوزه سخت‌افزار و نرم‌افزار مربوط می‌شود. «*اخلاق فناوری اطلاعات*» صرفا دربارهٔ حوزه فناوری اطلاعات است. و به امور سخت افزاری مانند رایانه‌ها و شبکه‌ها نمی‌پردازد. «*اخلاق اینترنت*» نیز یکی از بخش‌های «*اخلاق فناوری اطلاعات و ارتباطات*» است. با افزودن کلمه «*ارتباطات*» به موضوع بحث، حوزه‌های مربوط به تلفن همراه و تلفن ثابت و دسترسی از طریق کانال‌های ارتباطی اعم از فیبر نوری و بی‌سیم، از یک سو و ماهواره، تلویزیون، رادیو و رسانه‌های فیزیکال و دیجیتال از سوی دیگر داخل در بحث می‌شوند. در اینجا تا حدّی به اخلاق ارتباطات می‌پردازیم که مربوط به حوزه «اطلاعات» از نوع دیجیتال باشد و طرح مباحث اخلاقی در زمینه‌هایی چون ماهواره، تلویزیون، رادیو، رسانه‌های فیزیکال و نیز تلفن همراه و ثابت (از این نظر که رسانه‌ای برای ارتباطات صوتی هستند) از حوزه کار این کتاب بیرون است، اگرچه گهگاه به آنها هم اشاره‌هایی خواهیم کرد.

بسیار جالب توجه است که شما در منزل خود نشسته باشید و کالایی حجیم را از آن سوی دنیا خریداری کنید و پانزده روز بعد آن را در درب منزل تحویل بگیرید. اینها اموری است که فناوری اطلاعات و ارتباطات در اختیار بشر قرار داده است. اما همیشه اخبار دلنشین نیست؛ هر چه فناوری اطلاعات پیشرفت می‌کند امکان فریبکاری و تقلب‌های انسانی نیز ابعاد جدیدتری می‌یابد. بخصوص در بانکداری الکترونیکی گاهی اخباری عجیب و غریب به گوش ما می‌رسد که نشان دهنده وجود افرادی متقلب در سراسر دنیاست. این افراد در صدد سوء استفاده از امکانات وسیع تجارت الکترونیکی هستند که شبکه اینترنت در اختیار نهاده است.

اطلاعات موجود در شبکه‌ها آن قدر وسیع و گسترده شده که امروزه در صدد‌ند برنامه‌هایی تدوین کنند تا بدانند چگونه از این همه اطلاعات حجیم مواردی را گزینش

کنند که برایشان سودمند است. این یک دنیای جدیدی است که با یک مهبانگ جدید به وجود آمده است و در این انفجار اطلاعات، بیش از آنچه در تصور بشر چهل سال قبل می‌گنجد اطلاعات، جمع آوری شده است. چگونه و چه کسانی از این اقیانوس اطلاعات استفاده کنند؟ اخلاق فناوری اطلاعات و ارتباطات راه درست عمل کردن در این محیط‌های دیجیتالی را به ما می‌آموزد.

۳ـ۲ـ۲ هدف اخلاق فناوری اطلاعات و ارتباطات

هدف بحث از اخلاق فناوری اطلاعات و ارتباطات این است که به سؤالاتی پاسخ دهد که مربوط به بنیان‌های ارزشی افعال و مسؤولیت‌های افراد در حوزه رایانه‌ها و فناوری اطلاعات و ارتباطات است. علاوه بر آن می‌توان از سیاست‌های دولتی و زیربناهای ارزشی قوانین و مقررات حاکم بر نهادهای دولتی و غیر دولتی مربوط در حوزه رایانه‌ها و فناوری اطلاعات و ارتباطات نیز بحث کرد. مثل بحث از ضرورت رعایت حریم خصوصی افراد و مسؤولیتی که همه در قبال عکس‌برداری با تلفن همراه از مجالس خصوصی دارند و مثل مسؤولیت دولت در قبال رویدادهایی که موجب می‌شود حریم خصوصی افراد به خطر افتد. در این حال چه قوانین و مقرراتی نیاز است و نهادهای سیاست‌گذار دولتی و غیر دولتی چه فعالیت‌هایی را باید شکل دهند؟ اگر دولت‌ها سیاست‌های مناسبی اتخاذ نکنند حریم‌ها شکسته می‌شود و آسیب‌های جدّی به پیکره اجتماع وارد خواهد شد.

در گذشته این امکان وجود داشت که اگر کاری از کسی سر بزند در جریان روزمره امور به فراموشی سپرده شود. اما امروز تمام حرکات و سکنات ما از مسافرت‌های داخلی و خارجی گرفته تا پول‌هایی که به حساب‌های دیگر انتقال داده‌ایم و تا نامه‌هایی که با دیگران رد و بدل کرده‌ایم و خرید و فروش‌هایی که انجام داده‌ایم، حتی در طول سال‌های بسیار دور، همه و همه در حافظه رایانه‌ها محفوظ می‌ماند و

قابل بازیابی است. راستی شما فکر می‌کنید در هفته گذشته چه کسانی به مشهد سفر کرده‌اند و بیش از پنج میلیون تومان خرج کرده‌اند؟ اگر کسی این نوع اطلاعات را داشته باشد بر بسیاری از امور حاکم خواهد شد. این اطلاعات قدرت نفوذ صاحبانشان را افزایش خواهند داد. هم ابزاری خواهند بود برای توسعه حاکمیت دولت‌ها و بنگاه‌های بخش خصوصی، و هم ابزاری هستند برای توسعه جرم و جنایت و فساد. قبل از تأسیس بانک‌های اطلاعات امکان دستیابی به این اطلاعات میسور بشر نبوده است و این امر مشکلات اخلاقی جدیدی را برای جوامع توسعه یافته و در حال توسعه پدید آورده است. بخشی از این مشکلات مربوط به اخلاق فردی، بخشی مربوط به اخلاق اجتماعی و بخشی مربوط به مسؤولیت مدنی دولت‌ها و سازمان‌های حاکمیتی است.

۲ـ۳ تاریخچه اخلاق فناوری و ارتباطات

۱ـ۳ـ۲ مفاهیم کلیدی و اهداف رفتاری

- حوزه پژوهشی سیبرنتیک (دانش نظام‌های بازخورد اطلاعات) توسط نوربرت وینر ابداع شد.
- کتاب «کاربرد انسانی انسان‌ها» از وینر در پیشانی مباحث اخلاقی رایانه‌ها قرار گرفت و مباحث جامع اخلاق رایانه را پی‌ریزی کرد.
- دان پارکر مقاله‌ای در موضوع قواعد اخلاقی در پردازش اطلاعات در ارتباطات انجمن ماشین‌های اداری نگاشت. او دومین مؤسس اخلاق رایانه است.
- یوزف وایتسنباوم برنامه‌ای رایانه‌ای به نام الیزا نوشت که کار آن روان درمانی خودکار ماشین‌ها بود.
- یکی از آثار کلاسیک در اخلاق رایانه کتاب «قدرت رایانه و عقل انسان» از وایتسنباوم است.

در پایان این بخش انتظار می‌رود:

- تاریخچه اخلاق رایانه را شرح دهید.
- شخصیت‌ها و آثار آنها را در اخلاق رایانه بیان کنید.
- مشکلات فناوری اطلاعات و ارتباطات را توضیح دهید.
- وظیفه اصلی اخلاق رایانه را بیان کنید.
- مراحل انقلاب در رایانه‌ها را شرح دهید.

۲-۳-۲ تاریخچه اخلاق فناوری اطلاعات و ارتباطات

در اینجا مناسب است قبل از تعیین گستره «اخلاق فناوری اطلاعات و ارتباطات» و «اخلاق رایانه» نگاهی اجمالی به تاریخچه پدیداری این بحث در دنیای غرب بیندازیم.

نوربرت وینر استاد دانشگاه ام‌ای تی در اوایل دهه ۱۹۴۰ هنگام جنگ جهانی دوم کمک کرد تا یک توپ ضد هوایی بسازند که با آن هواپیماهای جنگی تندرو را سرنگون کنند. چالش مهندسی این پروژه موجب شد او و دستیارانش یک حوزه پژوهشی ابداع کنند. آنها نام این حوزه را «سیبرنتیک» (یا دانش نظام‌های بازخورد اطلاعات) نهادند. مفاهیم موجود در بحث «سیبرنتیک» با ترکیب با رایانه‌های دیجیتالی که در آن زمان تازه ابداع شده بودند وینر را به نتایجی اخلاقی در باب فناوری رسانید که اینک بدان «اخلاق فناوری اطلاعات وارتباطات» می‌گوییم. او پیش‌بینی‌های جالبی در حوزه نتایج اخلاقی و اجتماعی فناوری داشت و از آن جمله در کتابش به همین نام «*سیبرنتیک: یا هدایت و ارتباطات در دنیای ماشین‌ها و حیوانات*» بیان کرد که کنترل خودکار بر دستگاه‌ها به نوعی شبیه به دستگاه عصبی مرکزی ما عمل می‌کند و ما در معرض ساخت ماشین‌هایی مصنوعی هستیم که استادانه کارها را به انجام می‌رسانند. او می‌گوید مدتها پیش از این که بمب اتم در ناکازاکی فرود آید به نظرم آمده بود که به

زودی خیر و شرّ اهمیت فوق العاده‌ای پیدا می‌کند. (Wiener, ۱۹۴۸, pp. ۲۷-۲۸)

وینر در ۱۹۵۰ کتاب دیگری با نام «*کاربرد انسانی انسان‌ها*» نگاشت که او را در پیشانی مباحث اخلاق رایانه‌ها قرار داد. همین اثر موجب پی‌ریزی بنیادی برای مباحث جامع اخلاق رایانه شد که محققان این حوزه بعد از نیم قرن هنوز به آن مراجعه می‌کنند، اگر چه عنوان «اخلاق رایانه» بیست سال پس از نگارش اثر او رواج یافت. این اثر شامل مباحثی بود همچون: شرحی بر هدف از حیات بشر، چهار اصل عدالت، روشی قدرتمند برای اخلاق کاربردی، مباحثی در باب مسائل بنیادی اخلاق رایانه و مثال‌هایی برای موضوعات کلیدی اخلاق رایانه. نزد وینر، کارگران باید خود را با تغییرات بنیادین پدید آمده در محل کارشان تطبیق دهند؛ دولت‌ها باید قوانین و مقررات جدیدی وضع کنند؛ سازمان‌های حرفه‌ای باید اصول اخلاقی جدید رفتاری برای اعضای خود تدوین کنند؛ جامعه‌شناسان و روان‌شناسان باید پدیده‌های جدیدی را در حوزه‌های خود مطالعه و بررسی کنند؛ و فیلسوفان اخلاق باید مفاهیم اخلاقی و اجتماعی را مروری مجدد و بازتعریف کنند. (Bynum, ۲۰۰۴, p. ۱۵)

در اوسط دهه ۱۹۶۰ شخصی به نام دان پارکر در کالیفرنیا به بررسی کاربردهای غیراخلاقی و غیرقانونی متخصصان رایانه پرداخت. او می‌نویسد: «به نظر می‌رسد وقتی مردم وارد مرکز رایانه می‌شوند اخلاق خویش را دمِ در جا می‌گذارند و وارد می‌شوند». او نمونه‌هایی از این بی‌اخلاقی‌ها و جرم‌های رایانه‌ای را برشمردو در ۱۹۶۸ مقاله‌ای با عنوان «قواعد اخلاقی در پردازش اطلاعات» در ارتباطات انجمن ماشین‌های اداری نگاشت و مدیریت نگارش اولین اصول رفتار حرفه‌ای را برای انجمن ماشین‌های اداری برعهده گرفت که به سال ۱۹۷۳ مورد پذیرش انجمن قرار گرفت. او همچنین به انتشار کتب و مقالات و اجرای سخنرانی‌ها و کارگاه‌های آموزشی در اخلاق رایانه پرداخت، به حدّی که می‌توان او را بعد از وینر دومین مؤسس اخلاق رایانه دانست. (Ibid, p. ۱۵)

در اواخر دهه ۱۹۶۰ یوزف وایتسِنباوم، که یک دانشمند علوم رایانه در امای تی در

باستن بود، برنامه‌ای رایانه‌ای به نام الیزا نوشت. این برنامه می‌توانست به صورتی کاملاً ابتدایی مانند یک پزشک به روان‌درمانی بیماران بپردازد. وایتسنباوم مشاهده کرد که برخی از روان‌پزشکان آن را شاهدی دانستند بر این که بزودی ماشین‌ها می‌توانند کار روان‌درمانی خودکار را انجام دهند. او معتقد بود که یک «مدل پردازش اطلاعات» از انسان‌ها گرایشی رو به رشد در بین دانشمندان و حتی عموم مردم، ایجاد کرده است تا انسان‌ها را صرفاً همچون یک ماشین تلقی کنند.

در اوایل دهه ۱۹۷۰ وایتسنباوم به نگارش کتابی دست زد تا نشان دهدکه انسان‌ها بسیار فراتر از پردازش‌گران اطلاعات هستند. او کتابش را با نام قدرت رایانه و عقل انسان در سال ۱۹۷۶ به زیور طبع آراست. او با نگارش این کتاب و درس‌هایش در ام‌ای تی و سخنرانی‌های متعددی که در این دوره داشت، موجب شد بسیاری به این حوزه ترغیب شوند. کتاب او اینک یک اثر کلاسیک در اخلاق رایانه است و هر آغازگری نیازمند شروع از آن است.(Ibid, p. ۱۶)

در میانه دهه ۱۹۷۰ والتر مَنِر، استاد دانشگاه ویرجینیا و اُهایو، استفاده از عبارت «اخلاق رایانه» را آغاز کرد تا به رشته‌ای از اخلاق حرفه‌ای کاربردی اشاره کند که در آن به مشکلاتی اخلاقی می‌پردازد که فناوری رایانه‌ای موجب پیدایش یا تغییر یا تشدید آنها شده است. او یک دوره کارآموزی در دانشگاه اُلد دومنین عرضه کرد. او در اواخر دهه هفتاد و اوایل هشتاد کارگاه‌ها و سخنرانی‌های متعددی در کنفرانس‌های علوم رایانه و کنفرانس‌های فلسفه در سرتاسر امریکا ایراد کرد و این کار موجب شد که علاقه زیادی در سطح دانشگاهی به درس‌های مربوط به اخلاق رایانه ایجاد شود. در ۱۹۷۸ او بسته آغازگر برای خودآموز اخلاق رایانه را نشر داد که شامل مواد آموزشی و توصیه‌های تربیتی برای استادان دانشگاه در مورد دوره‌های درسی اخلاق رایانه بود. این بسته شامل توصیف درس‌های پیشنهادی برای دانشگاه، بیان دلیل لزوم این درس در برنامه‌های دانشگاهی، اهداف این درس‌ها، راهنمایی‌های آموزشی و مباحثی از

موضوعاتی همچون حریم خصوصی و محرمانگی، جرم رایانه‌ای، تصمیم رایانه‌ای، وابستگی فناورانه، و اصول اخلاق حرفه‌ای بود. کارهای او موجب جلب توجه بسیاری از دانشگاهیان به این حوزه شد و درس‌های دانشگاهی بسیاری به دلیل تلاش‌های او طراحی شد. (Ibid, pp. ۱۶-۱۷)

۳ـ۳ـ۲ مشکلات فناوری در دنیای غرب

در دهه ۱۹۸۰ فناوری اطلاعات مشکلاتی را در اروپا و امریکا پدید آورد: مشکلاتی چون جرم‌های ناشی از رایانه، خسارات ناشی از خطاهای رایانه‌ها، نقض حریم خصوصی از طریق بانک‌های اطلاعاتی رایانه‌ای و دادخواهی‌های ناشی از مالکیت نرم‌افزار. در این زمان دیگر اخلاق رایانه به عنوان رشته‌ای دانشگاهی پذیرفته شده بود و همه چیز برای فوران فعالیت‌های پژوهشی مربوط به اخلاق رایانه آماده بود. در ۱۹۸۵ جیمز مور مقاله‌ای را با عنوان «اخلاق رایانه چیست» در مجله متافیلاسوفی در شماره‌ای که به رایانه‌ها و اخلاق اختصاص یافت، انتشار داد. او از دو مفهوم «خلأهای سیاست‌گذاری» و «آشفتگی مفهومی» برای توصیف اخلاق رایانه استفاده کرد.

به نظر او مشکل اصلی در اخلاق رایانه به این دلیل بروز می‌یابد که درست نمی‌دانیم چه سیاستی را باید در قبال کاربرد فناوری اطلاعات اتخاذ کنیم. توانایی و گزینش‌های ما با رایانه‌ها افزون گشته در حالی که هیچ سیاستی در قبال آنها برای رفتارهای خود در این مورد نداریم یا اگر داریم سیاست‌هایی ناکافی‌اند. وظیفه اصلی اخلاق رایانه این است که بیان کند ما در این موارد چگونه باید عمل کنیم؛ به عبارت دیگر سیاست‌هایی را سامان دهند که اعمال ما را هدایت کند. یکی دیگر از مشکلات نزد مور این است که این خلأ سیاست‌گذاری نوعاً با گونه‌ای خلأ مفهومی نیز همراه است و اگرچه غالباً مشکلات این حوزه به نظر راه‌حلی ساده دارند، با کمی تأمل روشن می‌شود که دست‌مایه‌های مفهومی ما برای حل این مسائل دچار نقص است. ما

باید با تحلیل درست، چارچوبِ مفهومی منسجمی به دست دهیم تا بتوانیم سیاست‌هایی برای افعالمان تدوین کنیم. او در ادامه می‌نویسد: «رایانه‌ها منطقاً انعطاف‌پذیرند، به طوری که می‌توان آنها را به گونه‌ای طراحی کرد که هر فعالیتی را که بر اساس ورودی، خروجی و عملیات منطقی است به انجام رسانید. چون منطق در هر جایی کاربرد دارد، کاربردهای محتملِ فناوری رایانه‌ها ظاهراً بدون محدودیت‌اند. در واقع، محدودیت رایانه‌ها به قدر محدودیت خلاقیت ما است.» (Moor, ۱۹۸۵, pp. ۲۶۶-۲۶۹)

۴ـ۳ـ۲ انقلاب در رایانه‌ها

نزد مور انقلاب رایانه‌ها در دو مرحله روی داد: یکی حالتی مقدماتی برای مرحله دیگر داشت. در مرحله مقدماتی که تا دهه ۱۹۸۰ بود فناوری رایانه‌ای ظهور و بروز یافت و در مرحله بعد از آن، این فناوری به تمام فعالیت‌های روزمره زندگی مردم رسوخ یافت و به نهادهای اجتماعی وارد گشت و معنای مفاهیمی همچون «پول»، «آموزش»، «اشتغال» و «انتخابات بی‌طرفانه» را دستخوش تحولات عمیقی ساخت. (Ibid)

دبُرا جانسن اولین کتاب درسی را در این زمینه با عنوان «اخلاق رایانه» در سال ۱۹۸۵ نوشت که برای بیش از ده سال منفرد بود. او در این کتاب این رشته را چنین توصیف کرد: مطالعه مسائلی از این قبیل که «رایانه‌ها موجب طرح تقریرهای جدیدی از مشکلات اخلاقی متعارف و تزاحمات اخلاقی، وخیم‌تر شدن مشکلات پیشین و تحمیل کاربرد هنجارهای اخلاقی در قلمروهای ناشناخته به ما می‌شوند». (Johnson, ۱۹۸۵, p.۱) او برخلاف منر، معتقد بود که مسائل اخلاقِ کاربردی در این حوزه مسائل کاملاً جدیدی نیستند، بلکه همان مسائل اخلاقی که قبلاً نیز وجود داشته امروز با شکل و شمایل جدیدی بروز یافته است.

تِرْل وارْد بینام با تلاش‌های مَنِر به این حوزه علاقه‌مند شد و او را در تدوین و نشر بسته‌ای که قبلاً از آن یاد کردم، یاری رساند. او روش منر را در تدریس و

سخنرانی و برگزاری کارگاه در دانشگاه‌ها پیش گرفت. در ۱۹۸۵ یکی از شماره‌های مجله متافیلاسوفی را که سردبیرش بود، به اخلاق رایانه اختصاص داد. دو سال بعد، «مرکز تحقیقات رایانه و جامعه» را تأسیس کرد. در ۱۹۸۸ اولین کنفرانس بین‌المللی را با همکاری مَنِر طرح‌ریزی کرد که سرانجام در سال ۱۹۹۱ با شرکت محققانی از هفت کشور و سی و دو ایالت امریکا برگزار شد. این محققان شامل متخصصان رایانه، فیلسوفان، جامعه‌شناسان، روان‌شناسان، حقوق‌دانان، تجّار سرشناس، روزنامه‌نگاران، و مقامات دولتی بودند. حاصل این کنفرانس رساله‌ها، برنامه‌های ویدیویی و مواد آموزشی بود که در اختیار دانشکده‌های مربوط در سراسر جهان قرار گرفت. (Van Speybroeck, July ۱۹۹۴, pp. ۳۵۷-۸)

در اوایل دهه ۱۹۹۰ علاقه به تحقیق در حوزه اخلاق رایانه به اروپا و استرالیا بسط یافت. به نظر سیمون راجرسون این زمانی است که برای گسترش اخلاق رایانه‌ای باید ادبیات جدیدی تولید کنیم و وقت آن رسیده که با ساخت بنیادهای مفهومی و شرح و بسط آنها، چارچوبی را برای افعال خودمان ترسیم کنیم تا از خسارات احتمالی غیرمنتظره ناشی از کاربرد فناوری اطلاعات بکاهیم. (Rogerson, Spring, ۱۹۹۶, ۲; Rogerson and Bynum, ۱۹۹۷)

۵ـ۳ـ۲ تعریف کلی اخلاق رایانه

در نهایت بینام با اقتباس از نظرات مور، اخلاق رایانه را چنین تعریف می‌کند: «تعیین و تحلیل آثار ناشی از فناوری اطلاعات بر ارزش‌های انسانی و اجتماعی مانند سلامت، ثروت، اشتغال، فرصت‌ها، آزادی، دموکراسی، دانش، حریم خصوصی، امنیت، رضایت نفس و مانند اینها». این تعریف وسیع از اخلاق رایانه شامل اخلاق کاربردی، جامعه‌شناسی ماشین‌های اداری، ارزشیابی فناوری، حقوق رایانه، و رشته‌های مربوط دیگر است و این رشته علمی، مفاهیم، نظریه‌ها و روش‌شناسی‌هایی را از دیگر رشته‌ها به کار می‌گیرد. (Moor, ۱۹۸۵, pp. ۲۶۶, & Bynum, ۱۹۹۳)

حدود ده سال بعد یعنی در سال ۲۰۰۳ با رشد و توسعه جامعه اطلاعاتی سران

جامعه جهانی از ۱۷۵ کشور با احساس مسؤولیت در ژنو گرد آمدند و به ابعاد مختلف جامعه اطلاعاتی توجه ویژه کردند.

۲-۴ اجلاس سران در باب جامعه اطلاعاتی

۱-٤-۲ مفاهیم کلیدی و اهداف رفتاری

- اجلاس سران جامعه اطلاعاتی (**WSIS**) در دو مرحله یکبار در ژنو و یکبار در تونس برگزار شد. در اجلاس ژنو به موضوع جامعه اطلاعاتی پرداخته شد و دو سند یکی بیانیه اصول و دیگری نقشهٔ راه تصویب گشت و به امضای ۱۷۵ نماینده از کشورهای سراسر جهان رسید.
- اصل دهم در باب ابعاد اخلاقی جامعه اطلاعاتی در چهار بند تنظیم گردید و نقشهٔ راه در بند ۲۵ به این موضوع پرداخته است.
- اصول و مفاهیم ارزشی که در اصل دهم جامعه اطلاعاتی به آن اشاره شده است عبارتند از: صلح، آزادی، برابری، همبستگی، مدارا، مسئولیت مشترک، عدالت، منزلت و ارزش آدمی، حفاظت از خانواده، پرهیز از نژاد پرستی، تبعیض نژادی، بیگانه هراسی استثمار و قاچاق انسان و کودک آزاری.
- در بند ۲۵ نقشه راه از همه طرف‌های ذی‌نفع می‌خواهد آگاهی خود را درباره ابعاد اخلاقی در حوزه فناوری اطلاعات افزایش دهند و در این زمینه پژوهش کنند.
- ابعاد اخلاقی که در جامعه اطلاعاتی به آن اشاره شده عبارتند از: مشارکت عمومی در توسعه جامعه اطلاعاتی، توسعه برابر و عادلانه شبکه دسترسی، توسعه اطلاعات و دانش، ظرفیت سازی از طریق یادگیری دانش‌ها و مهارت‌ها، ایجاد اعتماد و امنیت در حوزه ملی و بین الملل، ایجاد محیط استعدادپرور، حفاظت از مالکیت فکری، تنوع

فرهنگی و زبانی، آزادی بیان، همکاری بین‌المللی برای رفع شکاف دیجیتالی.

در پایان این بخش انتظار می‌رود:

- با مفهوم جامعه اطلاعاتی آشنا شوید و تاریخچه اجلاس سران در باب جامعه اطلاعاتی را بدانید.
- با دو سند که به تصویب سران جامعه اطلاعاتی رسید آشنا شوید.
- ابعاد اخلاقی را که در این سندها به آن پرداخته شده توضیح دهید.
- مفاهیم ارزشی اصل دهم از این اسناد را که در اجلاس سران در باب جامعه اطلاعاتی به تصویب رسیده، تحلیل و بررسی کنید.

۲ـ٤ـ۲ تاریخچه اجلاس سران در باب جامعه اطلاعاتی

این اجلاس که به **اجلاس WSIS** (مخفف: **World Summit for Information Society**) مشهور گشت در ۱۰-۱۲ دسامبر ۲۰۰۳ در ژنو پایتخت کشور سوئیس و سپس در ۱۸-۲۰ نوامبر ۲۰۰۵ در تونس برگزار شد. در اجلاس ژنو به طیف وسیعی از موضوع‌های مربوط به جامعه اطلاعاتی پرداخته شد و دو سند «بیانیه اصول» و «نقشهٔ راه» به تصویب رسید. در این دو سند انواع موضوع‌های مربوط به جامعه اطلاعاتی طرح شد و به امضای ۱۷۵ گروه از سران و نمایندگان کشورهای جهان رسید و هیأتی به همراه رئیس جمهور کشور ما نیز در بین آنها بودند. «بیانیه اصول» دارای ۱۱ اصل در ٦٧ بند و «نقشهٔ راه» نیز متناسب با بیانیه اصول دارای همان ۱۱ اصل در ۲۹ بند تنظیم شده بود. اصل دهم از بیانیه اصول در باب ابعاد اخلاقی جامعه اطلاعاتی در چهار بند بیان شده است.

۳ـ٤ـ۲ اصل دهم سند جامعه اطلاعاتی: ابعاد اخلاقی

بند ٥٦- جامعه اطلاعاتی باید به صلح احترام گذارد و ارزش‌های بنیادین آزادی،

برابری، همبستگی، مدارا، مسئولیت مشترک، و رعایت طبیعت را پاس بدارد.

بند ۵۷- ما به اهمیت اخلاق در جامعه اطلاعاتی که باید ترویج دهنده عدالت و منزلت و ارزش آدمی باشد اذعان داریم. خانواده باید به وسیع‌ترین شکل ممکن حفاظت شود و برای ایفای نقش حیاتی خود در جامعه تقویت گردد.

بند ۵۸- در استفاده از فناوری‌های اطلاعاتی و ارتباطی و تولید محتوا باید حقوق بشر و آزادی‌های بنیادین دیگران، از جمله حریم خصوصی و حق آزادی اندیشه، وجدان، و مذهب، هماهنگ با قواعد بین‌المللی مربوط رعایت شود.

بند ۵۹- همه نقش‌آفرینان جامعه اطلاعاتی باید در مقابل استفاده‌های ناروا از فناوری‌های اطلاعاتی و ارتباطی، همچون تخلفات قانونی و دیگر کارهای ناشی از نژادپرستی، تبعیض‌نژادی، بیگانه‌هراسی و دیگر تعصبات مرتبط با آن، تنفر، خشونت، هرگونه بد رفتاری با کودکان، از جمله تمایل جنسی به آنها و وقیح‌نگاری درباره آنها، و قاچاق و استثمار انسان، اقدامات مقتضی و روش‌های پیشگیرانه‌ای که قانون مشخص کرده، به عمل آورند.

۴-۴-۲ ابعاد اخلاقی سند نقشهٔ راه در جامعه اطلاعاتی

در «نقشهٔ راه» نیز در بند ۲۵ مربوط به ابعاد اخلاقی جامعه اطلاعاتی چنین آمده است:

اقدام دهم: ابعاد اخلاقی جامعه اطلاعاتی

۲۵. جامعه اطلاعاتی باید تحت کنترل ارزش‌های عام جهانی باشد و خیر مشترک را ترویج کند و جلوی سوء استفاده از فناوری‌های اطلاعاتی و ارتباطی را بگیرد.

الف) برای ترویج احترام به صلح و پاسداشت ارزش‌های بنیادین آزادی، برابری، همبستگی، مدارا، مسئولیت مشترک، و احترام به طبیعت، باید گام‌هایی برداشته شود.

ب) همه طرف‌های ذی‌نفع باید آگاهی خود را نسبت به ابعاد اخلاقی کاربردهای

فناوری‌های اطلاعاتی و ارتباطی، افزایش دهند.

پ) همه نقش‌آفرینان جامعه اطلاعاتی باید خیر عمومی را ترویج کنند، از حریم‌خصوصی و داده‌های شخصی حفاظت کنند و در مقابل سوء استفاده‌هایی که از فناوری‌های اطلاعاتی و ارتباطی می‌شود نظیر کارهای غیرقانونی و اعمال ناشی از نژادپرستی، تبعیض‌نژادی، بیگانه‌هراسی، خشونت، تنفر، عدم‌تساهل، تمام اشکال بدرفتاری با کودکان نظیر میل جنسی به کودکان و وقیح‌نگاری در بارهٔ آنها، و قاچاق و استثمار انسان‌ها، اقدامات مقتضی و بازدارندهٔ مطابق با قانون، به عمل آورند.

ت) از همه طرف‌های ذی‌نفع، بویژه دانشگاهیان دعوت می‌شود تا پژوهش را در زمینه ابعاد اخلاقی فناوری‌های اطلاعاتی و ارتباطی ادامه دهند.

۵-۴-۲ تحلیل و بررسی مفاهیم ارزشی اصل دهم

برخی از مفاهیم ارزش‌های اخلاقی در اصل دهم به جامعه اطلاعاتی و فناوری اطلاعات و ارتباطات اختصاص ندارد. پاسداری از صلح، آزادی، برابری، همبستگی، مدارا، مسئولیت مشترک، عدالت، مراعات شأن و منزلت انسان، و دیگر حقوق بشر از ارزش‌هایی است که نه فقط در حوزه فناوری اطلاعات و ارتباطات بلکه در همه حوزه‌ها اهمیت دارند و رعایت آنها به جامعه اطلاعاتی اختصاص ندارد. در نتیجه بحث اخلاقی از آنها به حوزه فناوری اطلاعات مربوط نیست. بحث اخلاق کاربردی در حوزه‌های خاص عمل انسانی در صورتی موجّه است که نکاتی اختصاصی در آن، وجود داشته باشد. در حالی که این ارزش‌های عام غالباً هیچ وجهی اختصاصی به حوزه فناوری اطلاعات و ارتباطات ندارد و ذکر آنها در این اعلامیه به دلیل اهمیت این ارزش‌ها از دید سران کشورهای شرکت کننده در اجلاس بوده است. معمولاً ارزش‌هایی چون صلح و آزادی و عدالت در اکثر اعلامیه‌های جهانی مورد تأکید قرار می‌گیرد. ما در اینجا به دنبال بحث از ارزش‌هایی هستیم که به حوزه فناوری اطلاعات

و ارتباطات اختصاص دارد یا اگر اختصاص ندارد نکته‌ای کمّی یا کیفی موجب اهمیت یافتن آن ارزش‌ها به طور خاص در این حوزه شده است.

در باب بحث از ضد ارزش‌هایی چون نژادپرستی، تبعیض‌نژادی، بیگانه‌هراسی، نابردباری، تنفر، خشونت، قاچاق انسان و مانند آن نیز وضع بر همین منوال است.

بنابر این در ابعاد اخلاقی جامعه اطلاعاتی باید به مفاهیمی ارزشی بپردازیم که توسعه فناوری اطلاعات و ارتباطات به طور خاص به آنها دامن زده و آنها را به خطر انداخته است. ارزش حریم خصوصی از جمله ارزش‌هایی است که در بند دهم اعلامیه اصول بر آن تأکید شده است.

نکته قابل توجه این است که گرچه بند دهم عنوان ابعاد اخلاقی جامعه اطلاعاتی به خود گرفته است، اما بر بسیاری از ارزش‌های اخلاقی در بندهای دیگر اعلامیه اصول تأکید شده است. از آن جمله می‌توان به مشارکت عمومی در توسعه جامعه اطلاعاتی، توسعه برابر و عادلانه شبکه دسترسی، توسعه اطلاعات و دانش، ظرفیت‌سازی از طریق یادگیری دانش‌ها و مهارت‌ها در طول عمر، ایجاد اعتماد و امنیت در حوزه ملی و بین‌المللی، محیط استعدادپرور، حفاظت از مالکیت فکری، تنوع فرهنگی و زبانی، آزادی بیان، و همکاری بین‌المللی برای رفع شکاف دیجیتالی اشاره کرد.

۲ـ۵ مباحث اخلاق رایانه و فناوری اطلاعات و ارتباطات

۱ـ۵ـ۲ مفاهیم کلیدی و اهداف رفتاری

- اخلاق سایبر یکی از مباحث اصلی در اخلاق رایانه است.

- امنیت اطلاعات، مالکیت فکری، حریم خصوصی، و هویت مجازی از مفاهیمی است که در حوزه اخلاق رایانه مورد توجه است.

- دسترسی مجاز به اطلاعات، فیلتر کردن اطلاعات، حفاظت از اطلاعات سازمانی مباحثی است که به امنیت فضای تبادل اطلاعات مربوط می‌شود.

- مزاحمت‌های الکترونیکی در حوزه ارتباطات نیازمند رسیدگی و وضع

قوانین ملی و بین‌المللی و رسیدگی اخلاقی است.

در پایان این بخش انتظار می‌رود:

- با مفاهیمی چون حریم خصوصی، مالکیت فکری، امنیت اطلاعات و هویت مجازی آشنا شوید.
- با مسائلی که در حوزه اخلاق رایانه مطرح می‌شود آشنا شوید و آنها را توضیح دهید.
- تهدیدهای رایانه‌ای را بشناسید.
- فیلتر کردن اطلاعات را توضیح دهید.

۲ـ۵ـ۲ توصیف مسائل اخلاق رایانه، فناوری اطلاعات و ارتباطات

اکنون که تا حدودی تاریخچه بحث اخلاق رایانه را روشن ساختیم مناسب است به ایضاح برخی از مهمترین مسائل مورد بحث در این حوزه بپردازیم. یکی از مآخذ اصلی این بحث فصل اول کتاب «مواد خواندنی در باب اخلاق سایبر» است که بینام با عنوان «اخلاق و انقلاب اطلاعات» به چاپ رسانده است. (Spinello and Tavani, ۲۰۰۴)

آیا رایانه‌ها و برنامه‌های رایانه‌ای نیاز به کارگران و کارمندان را کاهش و نرخ بیکاری را افزایش می‌دهند؟ اگر چنین باشد پرسشی اخلاقی در باب توسعه کاربرد فناوری اطلاعات و ارتباطات وجود خواهد داشت که نیازمند رسیدگی و پاسخ است. اگر توسعه فناوری اطلاعات موجب بیکاری است، آیا باید به آن دامن زد و آن را امری ارزشمند محسوب داشت؟

آیا کاربرد فناوری‌های رایانه‌ای موجب کاهش سلامت و رضایت شغلی کارگران و کارمندان است؟ سرعت و دقت بالای رایانه‌ها نوعاً موجب بروز فشارهای عصبی می‌شود؛ نگاه متمرکز بر روی صفحه نمایش رایانه برای انسان ضرر دارد؛ یکنواختی حرکت انگشتان و دست‌ها و تمرکز سر و گردن پشت رایانه موجب بروز اختلالات

جسمانی می‌شود. آیا این اختلالات جسمی و روحی مسئولیتی جدید برای کارفرمایان و مدیران کارگاه‌ها و سازمان‌ها ایجاد نمی‌کند؟

بحث اول و دوم در ذیل عنوان اخلاق رایانه قرار دارد.

خطر ویروس‌های رایانه‌ای بسیار جدّی شده است و هکرها (تخریب‌گرهای نرم‌افزاری رایانه‌ها) برای مدیران سازمان‌ها و مدیران پایگاه‌های اطلاع‌رسانی دردسر ساز شده‌اند. این امر توجه بسیاری از ایشان را به اهمیت مسأله امنیت رایانه‌ها و شبکه‌ها دو چندان ساخته است. آیا می‌توانیم روش‌های هک کردن را به دیگران بیاموزیم؟ آیا این کار شغل مجازی است؟

بحث مالکیت فکری اطلاعات و نرم‌افزارها از چالش‌های حوزه اخلاق فناوری اطلاعات و ارتباطات است. سرقت و تکثیر غیر مجاز اطلاعات موجب مخدوش شدن حقوق ناشران و مؤلفان آثار رایانه‌ای است و امروز این کار، گاهی به آسانی تقه زدن روی موشواره است. این پدیده آثار و تبعاتی برای امنیت مالکیت فکری ایجاده کرده است و نیازمند رسیدگی اخلاقی است.

حریم خصوصی افراد نیز با توسعه فناوری‌های اطلاعاتی و ارتباطاتی به شدّت در معرض پایمال شدن است. هر کسی که تلفن همراهش مجهز به دوربین است می‌تواند خلوت ما را، در جَلْوَت، پیش چشم همگان آورد و سپس آن را از طریق اینترنت در حدّی وسیع تکثیر کند و در دسترس همگان قرار دهد. رسیدگی اخلاقی در اینجا اجتناب‌ناپذیر است.

افراد بسیاری مایلند هویت خویش را در حوزه ارتباطات اینترنت مخفی نگه دارند. مایلند سؤالی بکنند ولی معلوم نشود که چه کسی این سؤال را مطرح کرده است. اطلاعاتی بدهند یا بگیرند و هویت خود را روشن نکنند. ارتباطی برقرار کنند ولی نام و نشان خود را آشکار نسازند. از این رو هویتی جدید و دیجیتالی شکل گرفت به نام هویت مجازی. آیا هویت مجازی برای خود ساختن، خوب است یا بد؟ خیر است یا شرّ؟ نظر استادان اخلاق می‌تواند راهنمای راهمان باشد.

فیلتر کردن اطلاعات، مخالف جریان آزاد اطلاعات است. به همین دلیل کشورهای غربی فیلتر کردن را نوعی معارضه با آزادی بیان می‌دانند. اما خود آنها معتقدند در بسیاری از موارد باید اطلاعات را فیلتر کرد و به اصطلاح جریان آزاد اطلاعات هم حد و مرزی دارد. مثلاً آنها وقیح‌نگاری در باب کودکان را خلاف اخلاق و در بسیاری از کشورها خلاف قانون می‌دانند. بحث از حیطه مجاز و ارزشی فیلتر کردن یا به عبارت دیگر موارد استثنای نشر آزاد اطلاعات نیازمند رسیدگی اخلاقی است.

دسترسی مُجاز از دیگر مباحث اخلاق فناوری اطلاعات و ارتباطات است. هر کسی حق ندارد به اطلاعات نگاه کند، هر کسی حق ندارد آنها را اصلاح کند، هر کسی حق ندارد آنها را حذف یا ایجاد کند. این امور باید توسط مقامات مجاز انجام شود. حال مسئولیت این امور مجاز با چه کسانی است؟ اگر آنها یا دیگران از حیطه مسئولیت خویش پای فراتر نهند چه احکام اخلاقی در انتظار آنها خواهد بود؟ اگر دیگرانی که مسئولیتی نداشتند و با جعل اسناد و امضای دیجیتالی جعلی یا با در اختیار گرفتن اسم رمز و نام کاربری دیگران سوء استفاده کردند وظایف حاکمیتی و سازمانی چیست؟

حفاظت از اطلاعات سازمانی بر عهده کدام بخش است؟ اگر اطلاعات محرمانه‌ای از سازمان بیرون رود چه کسی یا چه کسانی مسئولند؟ فقط مسأله دزدی اطلاعات نیست. گاهی بلایای طبیعی موجب خساراتی به بانک‌های اطلاعات می‌شود، آن گاه مسئول کیست و قبل از این بلایا چه توصیه‌های اخلاقی وجود دارد؟

بحث‌هایی شبیه به سه بحث اخیر موجب پیدایش مفهومی ارزشی در حوزه اخلاق فناوری اطلاعات گردید با نام «امنیت فضای تبادل اطلاعات». این بحث به قدری اهمیت داشت که کشورهای مختلف در صدد برآمدند سندی امنیتی برای فضای تبادل اطلاعات در کشور خودشان تدوین و به اولویت‌های آن عمل کنند.

بحث سوم تا نهم در ذیل اخلاق فناوری اطلاعات قرار می‌گیرد.

مزاحمت‌های الکترونیکی نیز مثل مزاحمت‌های تلفنی در کنار قانون رسیدگی به

تخلفات نیازمند توصیه‌های اخلاقی است. هرزنامه‌ها مزاحمت زیادی برای همه ایجاد می‌کنند آیا مسئولین مخابراتی یا صاحبان شرکت‌های خدمات اینترنتی مسئولیتی در قبال آن دارند؟ این بحث به مزاحمت‌های تلفنی نیز سرایت می‌کند. دولت‌ها برای پیشگیری از این مزاحمت‌ها موظفند چه اقداماتی را انجام دهند؟ آیا در ارسال پیامک و صورتک باید ضوابطی اخلاقی را رعایت کرد؟ قطع کردن ابزارهای ارتباطی مانند قطع کردن فیبر نوری یا اختلال در شبکه بی‌سیم یا در شبکه ماهواره و مانند آن نیز از نمونه‌های اختلال در شبکه ارتباطی است و بحث‌هایی اخلاقی دارد.

بحث دهم در ذیل اخلاق ارتباطات قرار می‌گیرد.

اینها قسمت‌هایی از موضوعات اخلاق رایانه، فناوری اطلاعات و ارتباطات است که اهمیت بیشتری دارد و در بخش‌های آتی به بحث و نظر در باب آنها خواهیم پرداخت.

فصل سوم

حریم خصوصی

۱ـ۳ خطرها و فایده‌های فناوری اطلاعات

۳ـ۳ آشنایی با حریم خصوصی

۱ـ۳ خطرها و فایده‌های فناوری اطلاعات

۱ـ۱ـ۳ مفاهیم کلیدی و اهداف رفتاری

- فناوری اطلاعات ذخیره سازی و بازیابی اطلاعات را میسور ساخته است.
- هرچه فناوری اطلاعات پیشرفت می‌کند امکان فریبه کاری و تقلب‌های انسانی نیز ابعاد جدیدتری پیدا می‌کند.
- بعضی از کشورهای بزرگ با کمک شبکه‌هایی که در اختیار دارند اطلاعات را شنود و کنترل می‌کنند و برخی شرکتهای تجاری می‌کوشند تا اطلاعات جمع آوری و پردازش شده از شبکه را به مؤسسات خواستار آن بفروشند.
- فناوری اطلاعات این امکان را به ما می‌دهد که اطلاعات گذشته و حال را طوری ساماندهی کنیم که هر وقت به آن نیاز داشتیم فوری بیابیم.
- با فناوری اطلاعات حریم خصوصی افراد در معرض خطر بیشتری قرار گرفته است.

در پایان این بخش انتظار می‌رود:

-   فایده‌ها و خطرهای فناوری اطلاعات را بیان کنید.
-   سؤالات کلیدی را که در حوزه حریم خصوصی مطرح می‌شود بازگو کنید.
-   بتوانید توضیح دهید چگونه فناوری اطلاعات حریم خصوصی افراد را به خطر می‌اندازد.

۲ـ۱ـ۳ گستردگی و انباشتگی اطلاعات

اکنون که تا حدودی تاریخچه بحث اخلاق رایانه را روشن ساختیم مناسب است برخی از مهمترین مفاهیمی را که در این حوزه از آن بحث می‌شود روشن کنیم.

امروزه فناوری اطلاعات ذخیره سازی اطلاعاتی را ممکن ساخته است که در گذشته جز با انبارهایی بزرگ از پرونده‌های قطور ممکن نبوده است. اما این امر کمّی تنها خصوصیت عصر اطلاعات نیست. امروزه فناوری اطلاعات بازیابی اطلاعاتی را میسور ساخته که در گذشته یا ممکن نبوده و یا بسیار مشکل بوده است. به یاد دارم که حدود بیست سال پیش وقتی با کتاب شریف بحار الانوار آشنا شدم و هر شب بخشی از آن را مطالعه می‌کردم در صدد برآمدم تا همه آیاتی را که در احادیث این کتاب آمده است فهرست کنم تا پس از یکبار فهرست برداری و سپس منظم کردن فهرست‌ها بتوانیم هنگام مراجعه به هر آیه موارد وقوع آیه را در احادیث بحار الانوار به راحتی بیابیم.

وقتی بخشی از کار را به انجام رساندم حجم وسیع کار و دشواری طبقه‌بندی اطلاعات و بازیابی فیش‌های استخراجی مرا از ادامه کار محروم کرد و چه خوب شد که ادامه ندادم چون امروز همین کار با برنامه نرم افزاری جامع الاحادیث ـ نور ـ نه تنها

در مجلدات بحار بلکه در تک جلدهای آن و حتی تک تک منابع این کتاب که بیش از ۱۰۰ عنوان است به راحتی فراهم آمده است. کاری که فهرست سازی دستی آن سال‌ها به طول می‌انجامید و خطاهای انسانی در آن بسیار محتمل بود امروزه با دقت بسیار بیشتر و کمیتی قطعی‌تر به آسانی چند بار تقه زدن بر روی کلید موشواره است. **(مرکز تحقیقات کامپیوتری علوم اسلامی، جامع الاحادیث: نور ۲/۵).**

بسیار جالب توجه است که شما در منزل خود نشسته باشید و کالایی حجیم را از آن سوی دنیا خریداری کنید و پانزده روز بعد آن را در درب منزل تحویل بگیرید. اینها اموری است که فناوری اطلاعات در اختیار بشر قرار داده است. اما همیشه اخبار دلنشین نیست: هر چه فناوری اطلاعات پیشرفت می‌کند امکان فریبکاری و تقلب‌های انسانی نیز ابعاد جدیدتری پیدا می‌کند. به خصوص در بانکداری الکترونیکی گاهی اخباری عجیب و غریب به گوش ما می‌رسد که نشان از وجود افرادی متقلب در سراسر دنیاست. این افراد در صدد سوء استفاده از این امکانات وسیع تجارت الکترونیکی هستند که شبکه اینترنت در اختیار نهاده است.

اطلاعات موجود در شبکه‌ها آن قدر وسیع و گسترده شده که امروزه در صددند برنامه‌هایی تدوین کنند تا از این همه اطلاعات چگونه آنها را که به کار افراد مختلف می‌خورد گزینش کنند. این یک دنیای دیجیتالی است که با یک مهبانگ جدید به وجود آمده است و در این انفجار اطلاعات بیش از آنچه در تصور بشر چهل سال قبل می‌گنجید اطلاعات جمع‌آوری شده است. امّا چگونه و چه کسانی از این اقیانوس اطلاعات استفاده کنند؟ وقتی این اطلاعات راجع به اشخاص باشد سؤالاتی جدّی و پیچیده در باب حریم خصوصی ایشان پیش می‌آید.

مدیر پیشین بخش جامعه اطلاعاتی یونسکو در حمایت از حریم خصوصی نکاتی تکان دهنده را گوشزد کرده است. او می‌گوید ایالات متحده امریکا با همکاری انگلستان، کانادا، استرالیا و نیوزیلند از شبکه‌های اطلاعاتی که در اختیار دارند برای

شنود، کنترل و پردازش اطلاعات روزانه از بیش از سه میلیارد پیام تلفنی، دورنگار، و پست الکترونیکی در سراسر دنیا استفاده می‌کنند و هر گونه حرکت و فعالیت افراد در خانه و محل کار و مکان فراغت و مانند آن را تحت کنترل دارند. علاوه بر اینها شرکت‌های تجاری فعال در زمینه‌های جمع‌آوری و پردازش اطلاعات هم می‌کوشند با شیوه‌های مجاز و غیرمجاز این گونه اطلاعات را گردآوری کنند و به مؤسسات خواستار آنها بفروشند. وی سپس ضرورت مقابله با سوء استفاده‌های مختلف دولت‌های بزرگ و مؤسسات بازرگانی را از اطلاعات شخصی و محرمانه مربوط به زندگی خصوصی افراد گوشزد کرده است. (معتمدنژاد:۱۳۸۴، ۳۳۲-۳۳۴)

۳-۱-۳ پرسش‌های کلیدی

در زمینه تأثیرات فناوری اطلاعات بر حریم خصوصی مقالات و کتب زیادی به نگارش در آمده است. برخی از سؤالات کلیدی این بحث عبارت است از: حریم خصوصی چیست و سایر افراد تا چه اندازه باید به آن احترام گذارند ؟ نهادها چه وظایفی در باب حفظ حریم خصوصی افراد دارند؟ آیا می‌توانند اهداف نهادی خود را بر حفظ حریم خصوصی افراد مقدم دارند؟ آیا دولت‌ها می‌توانند حریم خصوصی افراد را نقض کنند؟ اگر این حکم استثنایی دارد ملاک آن چیست و چه کسی در باب مصادیق این احکام استثنایی و ملاک‌های آن داوری می‌کند یا باید بکند؟

بسیاری از کسانی که در این موضوع قلم زده‌اند اذعان دارند که اگر افراد بخواهند در جامعه‌ای خاص زندگی کنند برخی اطلاعات خصوصی ایشان از قبیل سن و محل زندگی و محل تولد و مانند آن برای جریان مؤثر کارهای دولتی و نیز ارتباطات روزمره طرفینی در آن جامعه لازم است. این یکی از قدر متیقن‌ها و مسلّمات عدم لزوم حفظ حریم خصوصی است. اما نوع اطلاعاتی که برای این دو امر لازم است و نیز محدوده و گستره آنها بحث‌انگیز و مورد اختلاف است. فناوری اطلاعات موجب شده است که

سؤالات قابل طرح در این زمینه سؤالاتی باشد که جواب‌هایی فوری را طلب کند از آن جهت که قدرت فناوری در ذخیره سازی اطلاعات و بازیابی آنها فوق‌العاده است.

شاید بعضی وقت‌ها در محاورات خصوصی چیزی را بگوییم که امید داشته باشیم شنوندگان آن را به فراموشی بسپارند یا چیزی را بنویسیم که بعدها از آن پشیمان گشته و امیدوار باشیم که خوانندگان برگه‌های ما را در لابلای دیگر برگه‌های متعدد و متفرق بایگانی خویش گم کنند و دیگر به خواندن آنها مبادرت نورزند. ولی فناوری اطلاعات به همه این امکان را می‌دهد که همه، اطلاعات حال و گذشته را به نحوی سامانمند بایگانی و ذخیره کنند و هر وقت آن را لازم داشتند فوراً آن را بیابند. از این جهت اگر حریم خصوصی شما در زمان و مکانی خاص افشا گردد امید نداشته باشید که کاربران رایانه‌ها آن را فراموش کنند چرا که فناوری اطلاعات این امکان را سلب کرده است. این که شما چه چیزهایی خریده‌اید و از کجا آنها را تهیه کرده‌اید، پولش را از کجا آورده‌اید، چقدر به چه کسی اهدا کرده‌اید و از چه کسی چه انتظاراتی دارید و با چه کسانی نامه پراکنی می‌کنید و مراوده دارید همه و همه در دنیای سایبر درون بلندگوهایی پخش می‌شود که اولاً امکان شنیدن آن برای همه هست و ثانیاً هرگز آوای مکرر و ماندگار آنها خاموش نمی‌شود و هر روزه با هر عملیات الکترونیکی شما بر حجم آنها اضافه می‌شود.

امروزه حریم خصوصی اشخاص در معرض خطراتی است که قبل از فناوری اطلاعات هرگز پیش نمی‌آمده است؛ همان طور که قبل از پیدایش فناوری الکتریسیته هیچ کس در معرض خطر برق گرفتگی نبوده است. حال به جای مراقبت از برق گرفتگی باید مواظب باشید جرقه الکترونیک گرفتگی، حریم خصوصی شما را به آتش نکشد! چه کسانی در قبال این خطرات پیش آمده مسؤلیت دارند؟ مسؤلیت افراد، نهادها، و دولت‌ها در قبال این خطرات چیست؟ با چه تدابیری باید این احساس عدم امنیت را کاهش داد؟ اینها پرسش‌هایی است که در بحث از حریم خصوصی به آنها خواهیم پرداخت.

۲ـ۳ تاریخچه و کلیات حریم خصوصی

۱ـ۲ـ۳ مفاهیم کلیدی و اهداف رفتاری

- در دهه ۱۹٦۰ دلواپسی دولت اروپا در مورد نقش دولت در ایجاد و استفاده از پایگاه داده‌ها حاوی اطلاعات شهروندان بود.
- به نظر ناظران حقوق بشر مشکلات فناوری اطلاعات موجب محدودیت آزادی مدنی و خودمختاری و استقلال رأی افراد می‌شود.
- در سال ۱۹۷٤ ایالات متحده نهادهای دولتی را از تشکیل پایگاه‌های متمرکز که محتوای آن اطلاعات مربوط به افراد است و کارکرد مشخصی ندارد منع کرد.
- مهمترین منافع داده‌های الکترونیکی کارآمدی بالاتر، توزیع مناسب‌تر و عادلانه‌تر امتیازات اجتماعی مراقبت و نظارت بیشتر و مؤثرتر در جلوگیری از جرم است.
- رسیدگی به مسائل اخلاقی حریم خصوصی از وظایف همه نهادهای ذی‌نفع در جامعه اطلاعاتی است.

در پایان این بخش انتظار می‌رود:

- مهمترین منافع داده‌های الکترونیکی را بیان کنید.
- بتوانید راهکاری را که کشورهای بزرگ برای حمایت از حریم خصوصی افراد به کار می‌گیرند توضیح دهید.
- یکی دیگر از مشکلات توسعه فناوری اطلاعات در مورد ثبت و ضبط وقایع خصوصی را شرح دهید.

۲ـ۲ـ۳ اقداماتی علیه پایگاه داده‌های دولتی در دهه ۱۹۶۰ و ۱۹۷۰

در اروپا در دهه ۱۹٦۰ بیشترین دلواپسی در مورد نقش دولت در ایجاد و استفاده

از پایگاه داده‌های حاوی اطلاعات شهروندان بود. گرچه حفظ اطلاعات نزد دولت‌ها امر جدیدی نبود، ولی اسناد رایانه‌ای درصد امکان ردیابی افراد را فوق العاده افزایش داده بود. پایگاه داده‌ها جایگزین پرونده‌های قطور شد، همه جا می‌شد یک رونوشت آنها را بدون نیاز به فضایی خاص تکثیر کرد. در نتیجه دولت‌ها امکان بیشتری برای استفاده از آنها پیدا کردند، امکانی که در گذشته برایشان به صرفه نبود یا بودجه آن را نداشتند. اشتیاق روزافزونی در دولت‌ها پدید آمد که هر چه بیشتر اطلاعات زیادتری را از افراد ذخیره نمایند تا هنگام نیاز آن اطلاعات را بازیابی کنند. از اثر انگشت گرفته تا نشانی منزل و خویشاوندان و شغل‌ها و روابط اجتماعی و فعالیت‌های سیاسی و جاهایی که سفر کرده و نکرده و...

ما به سرعت به جامعه الکترونیکی نزدیک می‌شویم و ما نیز دچار همان چالش‌هایی خواهیم شد که مخترعان فناوری هم‌اکنون یا پیش از این با آن مواجه شدند. بنابر این باید برای مشکلات فناوری اطلاعات نیز چاره و راه کاری اخلاقی ارائه کنیم که البته باید با موازین دینی، ملی، و فرهنگی خودمان منطبق باشد.

یکی دیگر از مشکلات فناوری اطلاعات در این باب آن است که مردم برای این که حریم خصوصی‌شان را محفوظ بدارند ناچارند از بسیاری از کارهایی که قبلاً انجام می‌دادند به دلیل نگرانی از اطلاع دیگران دست بردارند. به نظر ناظران حقوق بشر این امر موجب محدودیت در آزادی‌های مدنی و خودمختاری و استقلال رأی افراد می‌شود و خود امری ناپسند است. مواردی هست که می‌توان این محدودیت را امری شایسته یا ناشایست تلقی نمود و احکام این موارد در فرهنگ ما گاهی با این احکام در فرهنگ غرب متفاوت است.

البته نباید از نظر دور بداریم که پایگاه‌های داده‌های الکترونیکی منافع بسیار مهمی نیز دارند. کارآمدی بالاتر، توزیع مناسب‌تر و عادلانه‌تر امتیازات اجتماعی و مراقبت و نظارت بیشتر و مؤثرتر در جلوگیری از جرم‌ها از جمله مهمترین این منافع‌اند و

دولت‌ها برای نقض حریم خصوصی افراد نوعاً به این منافع تأکید می‌کنند. اما در عین حال سرانجام نتوانسته‌اند افکار عمومی را نسبت به این نقضِ حرمت راضی کنند و همین امر موجب شد تا در سال ۱۹۷۴ قانونی در ایالات متحده به تصویب رسید که طی آن نهادهای دولتی از تشکیل پایگاه داده‌های متمرکز و جامع نسبت به اشخاص که حریم خصوصی ایشان را هدف قرار داده و در عین حال کارکردهای آنها به صراحت و روشنی مشخص نیست و توجیه کافی ندارد ممنوع شدند.

برخی کشورها گام‌های دیگری نیز برداشته‌اند و مؤسساتی ایجاد کرده‌اند تا از حریم خصوصی افراد حمایت کنند و با قدرت زیادی که به آنها داده شده این امکان را دارند که عملیات دولت‌ها و بخش‌های خصوصی را که با این نوع اطلاعات سر و کار دارند تنظیم و کنترل کنند. اما به نظر بسیاری از منتقدان، این نوع قوانین و نهادها نتوانسته‌اند آن طور که بایسته و شایسته است توقعات اشخاص را برآورده سازند. (Nissenbaum, ۱۹۹۸, I).

۳-۲-۳ نگرانی شهروندان از توسعه ابزارهای اطلاع‌رسانی

مشکلات ناشی از نقض حریم خصوصی فقط مربوط به تصمیمات دولتی نیست. البته در حکومت‌های عادل نقض حریم خصوصی از سوی دولتی‌ها کمتر موجب نگرانی شهروندان است. همان طور که گفته شد، توسعه فناوری اطلاعات و ارتباطات موجب شده است وقایعی که در زندگی روزمره ما در حوزه خصوصی قرار دارد در معرض ثبت و ضبط انواع ابزارهای دیجیتالی و نشر در شبکه‌های ارتباطاتی قرار گیرد. این امر برای نسل گذشته که از نسل جدید بسیار حساسترند موجب دلواپسی شده است. بسیاری از بانوان از شرکت در استخرها و مجالس عقد و عروسی واهمه دارند چون تلفن‌های همراه دوربین‌دار همه جا گسترده است و هیچ نوع کنترلی در باب نشر عکس‌ها و فیلم‌ها نیز قابل پیش‌بینی نیست. اخیراً انتشار برخی از این عکس‌ها و فیلم‌ها از برخی از اشخاص مشهور مثل هنرپیشه‌ها معضلی اجتماعی را برای خود آنها و

دیگران پدید آورده است. این قصه‌ها تکرار خواهد شد و امنیت روانی جامعه را به خطر خواهد انداخت. رسیدگی اخلاقی به این امور از لوازم ضروری یک جامعه اطلاعاتی است.

طرفه آن که در نتیجه پیشرفت‌های تکنیکی و کاربرد آسان‌تر و تنزل قیمت‌ها، بخش خصوصی دارای نقشی فزاینده در ایجاد پایگاه داده‌ها در مورد اشخاص گردید و این اطلاعات دارای ارزش فوق‌العاده شد. اطلاعات افراد در طول عمرشان در مؤسساتی خصوصی از قبیل شرکت‌هایی که اعتبار مالی اشخاص را تعیین می‌کنند، بیمه‌های درمانی را سامان می‌دهند و بسته‌های پستی را ارسال می‌کنند، انباشته شد. همین انباشتگی ارزش افزوده‌ای پدید آورد که بسیاری از شرکت‌های دیگر حاضرند برای داشتن آنها پول زیادی بپردازند. چون مثلاً می‌توانند بدون هزینه‌های زیادی که قبلاً می‌پرداختند کالای خود را تبلیغ کنند و به نشانی‌های پست الکترونیکی که آن شرکت جمع کرده بفرستند. امروزه انباشتگی این نشانی‌ها بسیار ارزشمند و رغبت در آن زیاد شده است و اگر سامانه‌ای اخلاقی برای آنها طراحی نگردد ممکن است آسیب‌هایی جدی به امنیت روانی و آرامش درونی اشخاص وارد آید و جامعه را دچار چالش‌هایی نوین کند.

یکی از معضلات شهروندان این است یا خواهد بود که تلفن همراهشان مرتب پیام‌های ناخواسته‌ای دریافت می‌کند که تبلیغ شرکت‌ها و کالاها از جمله آنها است. با این کار آسایش شهروندان مختل می‌شود و گاه برای یافتن پیامک‌های دوستان خود در بین این همه پیامک ناخواسته به دردسر می‌افتند. این نیز نوعی نقض حریم خصوصی افراد است.

وجود منافع و مضرات در کنار هم در فناوری اطلاعات چندان مخلوط است که آسان نمی‌توان در باب این امور تصمیم گیری کرد و ارزیابی مدونی را صورت‌بندی نمود. به نظر می‌رسد که بحث در این باره یکی از بحث‌های مهم جامعه فرهنگی ما را تشکیل دهد. در ادامه سعی داریم ابتدا حدود مسأله را روشن کنیم و سپس با روش

عقلی حکم ارزشی هر مورد کلی را روشن سازیم و در عین حال نگاهی درون دینی به مسأله حریم خصوصی بکنیم و رابطهٔ بحث‌ها را با سنت دینی خویش نشان دهیم.

۳ـ۳ آشنایی با حریم خصوصی

۱ـ۳ـ۳ مفاهیم کلیدی و اهداف رفتاری

– الزامات زندگی اجتماعی دو سویه است؛ یعنی هم جنبه ایجابی دارد (ایشان را ملزم می‌سازد که حریم خصوصی فرد را افشا کنند) هم جنبه سلبی دارد (ایشان را ملزم می‌کند که حریم خصوصی فرد را مخفی کنند).

– از مواردی که فرد ملزم است بخش‌هایی از حریم خصوصی خود را افشا کند آن جایی است که برای گرفتن خدمات دولتی به دولت مراجعه می‌کند مثل گرفتن مدرک برای تأمین اجتماعی.

– دولت و نهادها نیز وقتی ببینند امنیت اجتماعی در خطر است می‌توانند حریم خصوصی افراد را افشا کنند.

– سازمان توسعه و همکاری اقتصادی (OECD) توصیه می‌کند که اطلاعات اشخاص باید با اهدافی که سازمان و نهاد به آن نیاز دارند تناسب داشته باشد.

– در جامعه لیبرال ارزش ذاتی حریم خصوصی به کارکردهای آزادی‌خواهانه و خودمختاری انسان باز می‌گردد یعنی آزادی فردی در سبک زندگی به نحوی که خود فرد آن را گزینش کرده است.

در پایان این قسمت انتظار می‌رود:

– محدودیت حریم خصوصی را در زندگی شهروندی شرح دهید.

- توضیح دهید در چه مواردی می‌توان حریم خصوصی را افشا کرد و در چه صورت کسی حق افشای آن را ندارد.
- حریم خصوصی از منظر یک جامعه لیبرال را شرح دهید.

۲ـ۳ـ۳ حریم خصوصی و الزامات شهروندی

زندگی جمعی الزاماتی را بر شهروندان تحمیل می‌کند. همان طور که زیست اجتماعی انسان‌ها می‌تواند مانع سازمان‌ها شود که به اطلاعات شهروندان دسترسی داشته باشند، می‌تواند مانع شود که افراد بخش‌های خاصی از حریم خصوصی خویش را نهفته نگه دارند. الزامات زندگی اجتماعی دوسویه است: یعنی هم جنبه ایجابی بر فرد و اجتماع دارد (یعنی آنها را ملزم می‌سازد که حریم خصوصی فرد را افشا کنند) و هم جنبه سلبی بر فرد و اجتماع دارد (یعنی آنها را ملزم می‌سازد که حریم خصوصی فرد را افشا نکنند). با دقت در مسأله با چهار نوع مورد کلی مواجه می‌شویم.

اول جایی است که بر فرد لازم است لایه‌ای از حریم خصوصی خویش را افشا کند مانند مواردی که برای صدور گواهینامه رانندگی لازم است. دیگری جایی است که بر اجتماع یا نمایندگان ایشان (اعم از نهادها یا دولت‌ها) لازم است به حریم خصوصی افراد وارد شوند مانند جایی که امنیت اجتماعی در خطر است و قانون نیز بر این تصمیم صحه گذاشته است.

سوم جایی است که بر فرد لازم است حریم خصوصی خویش را پنهان نگه دارد مانند خصوصیتی از ویژگی‌های جسمی یا خانوادگی افراد که افشای آن خلاف شئون انسانی و اسلامی است. چهارم جایی است که بر اجتماع یا نمایندگان ایشان (اعم از نهادها یا دولت‌ها) لازم است از ورود به حریم خصوصی افراد جلوگیری کنند به دلیلی مشابه دلیل قسم سوم. این که نهادها و دولت‌ها در چه مواردی می‌توانند مانع افشای حریم خصوصی افراد شوند یا این که در چه مواردی می‌توانند به حریم خصوصی افراد

وارد شوند، به ارزش‌های دیگر فردی و اجتماعی در اخلاق باز می‌گردد.

مثلاً اتاق بازرگانی بین‌المللی، مشهور به **ICC**، از شهروندان می‌خواهد که برای توسعه تجارت اجازه دهند تا اطلاعات شخصی خود را که به رشد اقتصادی کمک می‌کنند در اختیار قرار دهند. آنها به این طریق می‌توانند مذاق مصرف کنندگان کالاها را حدس بزنند و منطبق بر آن کالاهای خدماتی و تولیدی بهتری را فراهم سازند و از این طریق رضایتمندی مشتریان را که همان صاحبان داده‌های شخصی هستند بیش از پیش جلب کنند. مثلاً در یک مورد با کسب اطلاع از خصوصیات اعتباری متقاضیان وام‌های بانکی و مؤسسات اعتباری سرانجام اعتبارات بیشتر با بهره کمتری در اختیار آنها قرار دادند و این کار موجب شد حدود ۱۳۰ میلیارد دلار در یک سال به نفع متقاضیان وام‌ها صرفه‌جویی شود. (InternationalChamber of Commerce: ۲۰۰۳, ۹-۱۰). (شاید به این دلیل که با انباشته شدن تقاضاها، قیمت کالا و خدمات مشابه کاهش خواهد یافت.)

۳-۳-۳ اهداف سازمان در مقابل حفظ حریم خصوصی

سازمان‌ها و نهادهای دولتی و خصوصی برای استخدام یا تحصیل یا اموری مانند اینها اطلاعاتی بیش از آنچه بر روی جواز کسب یا گواهینامه رانندگی آمده است مطالبه می‌کنند. مثلاً از سوابق تحصیلی و سطح نمرات و اموری از قبیل مسافرت‌ها و فعالیت‌های قبلی انسان می‌پرسند. مسلماً این سازمان‌ها و نهادها اهدافی دارند که آن اهداف ایشان را وا می‌دارد تا بتوانند از این نحو حریم خصوصی اشخاص پرس و جو کنند. اما باید دانست که حفاظت از آن اهداف وقتی با یک ارزش دیگر چون حفظ حریم خصوصی در تعارض باشد داوری در باب آن مشکل می‌شود. باید ببینیم که اگر بین این دو ارزش یعنی حفظ اهداف نهادهای مدنی و حفظ حریم خصوصی تعارضی پیش آید کدام اولویت دارد؟

هر سازمانی می‌تواند به بهانه خدماتی که به شهروندان ارائه می‌کند یک برگ

رونوشت شناسنامه و دو قطعه عکس طلب کند و از ده‌ها نکته خصوصی در قالب یک فرم تقاضا سؤال کند، آیا این سؤالات محدود به حدودی هستند؟ چه کسی این حدود را تعیین می‌کند؟ در جوامع غربی، دولت‌ها موظفند سازمان‌های مدنی را در تقاضای اطلاعات شخصی محدود کنند. اما در جامعه اسلامی حکم چگونه است؟ آیا سازمان آب یا گاز یا برق و مانند آنها می‌تواند از مذهب متقاضی سؤال کند و سپس به او انشعاب بدهد؟

٤ـ۳ـ۳ لزوم محدودسازی سازمان‌ها

سازمان توسعه و همکاری‌های اقتصادی(OECD[1]) این نکته را توصیه و گوشزد کرده که اطلاعات شخصی باید با اهدافی که برای آن مورد استفاده قرار می‌گیرند تناسب داشته باشد، و تا حدی صورت گیرد که برای این اهداف ضرورت دارد. بنابر این سازمان‌ها نباید اطلاعاتی را درخواست کنند که با اهداف نهادی آنها تناسبی ندارد. مثلاً مسافرت‌های شخصی افراد نمی‌تواند به اهداف سازمان آب جز در فرض‌های نادر ارتباطی پیدا کند.(OECD Guidelines on Protection of Privacy and Transborder Flows of Personal Data)

۵ـ۳ـ۳ ارزش ذاتی حریم خصوصی

وقتی در دانشگاه منچستر بودم روی پست الکترونیکی که دانشگاه داده بود مواردی ارسال می‌شد که در آن مکان‌هایی را برای کار در دانشگاه برای همه کارمندان و دانشجویان دانشگاه پیشنهاد می‌کرد و در ذیل آنها نوشته شده بود که مذهب شما هر چه باشد تأثیری در گزینش‌ها ندارد. امروزه در برخی کشورهای پیشرفته ادعا این است که نه تنها از دین و مذهب کسی سؤال نمی‌کنند بلکه تأثیر این امور در گزینش‌ها را نیز بی‌عدالتی تلقی می‌کنند بدان جهت که گزینش دین و مذهب نزد ایشان از حریم

---

[1] - مخفف Organization for Economic Co-opration and Development سازمانی است با ۳۰ کشور عضو، برای همکاری‌های دولتهای کشورهایی که دارای دموکراسی و اقتصاد بازار هستند و هدف اصلی آن حمایت از رشد اقتصادی پایدار، افزایش اشتغال، ارتقای سطح زندگی، حفظ ثبات مالی، کمک به رشد اقتصادی دیگر کشورها، و مساعدت به رشد تجارت در جهان است

خصوصی اشخاص تلقی شده است و تبعیض به خاطر گرایشهای مذهبی نیز مانند تبعیض نژادی خلاف حقوق بشر محسوب می‌گردد. البته چالش‌های سال‌های اخیر پس از واقعه یازدهم سپتامبر این نوع حقوق انسان‌ها را به شدت تهدید کرده است و موارد نقض آن در بسیاری از اوقات از اخبار عمومی کشورهای غربی به گوش می‌رسد. تصویب قانون جواز شنود مکالمات تلفنی شهروندان امریکایی از سوی کنگره یکی از مواردی است که سر و صدای زیادی را در امریکا به وجود آورد.

گام نخست در پاسخ به سؤالات پیشین این است که ابتدا ارزش ذاتی حفظ حریم خصوصی را ثابت کنیم و بعد از آن به تعیین حدود آن و اولویت‌بندی آن نسبت به اهداف نهادها و نیز دولت‌ها بپردازیم.

لیبرالیست‌ها معتقدند از ویژگی‌های یک جامعه لیبرال این است که شهروندانش این امکان را دارند که زندگی خویش را بر اساس آرمان‌هایی که خود برای خیر و سعادت شخصی خویش تعریف می‌کنند سامان دهند. ممکن است این نکته را روح و منشأ جوامع متجدد و مدرن بدانیم. لُبّ این نظر عبارت است از آزادی فردی برای سبکی از زندگی آن طور که خود فرد گزینش کرده است. این نوع آزادی مستلزم یک نوع خومختاری در عمل و ارتباط مستقیم افعال هر فرد با خود آن فرد و منافع او است. بنابر این آزاد بودن به معنای آزادی سامان دادن زندگی به صورتی مستقل و خودمختارانه است. (Rössler: ۲۰۰۵, ۴۳). این امر ارزش ذاتی حریم خصوصی را به کارکردهای آزادی‌خواهانه و خودمختاری انسان باز می‌گرداند.

البته ممکن است تقریری از استقلال و خودمختاری به دست دهیم که مستقل از ارزش آزادی بلکه بالاتر از آن باشد. زندگی آزادانه به معنای زندگی همراه با گزینش‌های دلبخواهی است و با عمل بدون دلیل هم سازگار است. امّا زندگی خودمختارانه، اقتضای عمل از روی دلیل دارد. یعنی فرد بتواند برای عملش دلیل خوب و موجهی نزد خود اقامه کند. فردی که نتواند حتی برای تصمیمات مهمّش دلایل خوبی

اقامه کند گرچه آزادانه عمل کرده، ولی خودمختارانه عمل نکرده است. برای این که یک عمل خودمختارانه باشد کافی نیست که از سوی فرد گزینش شده باشد بلکه علاوه بر آن، باید تا آنجا که در امکان شخص بوده گزینش خوبی باشد و بر پایه درستی بنا شده باشد (Rössler: ۲۰۰۵, ۴۹-۵۰).

به هر حال، نزد لیبرالیستها حریم خصوصی دارای ارزش است چون مقتضای آزادی فردی و گزینش انسانی است. در این حال حریم خصوصی از آن جهت دارای ارزش است که موجب اعتلا و تحقق آزادی و خودمختاری است. این نوع ارزش حریم خصوصی یک ارزش ذاتی نیست بلکه به نحوی کارکردی به ارزش آزادی و خودمختاری برمی‌گردد و فرو کاسته می‌شود.

در ادامه با دو روش عقلی و نقلی ارزش حریم خصوصی را از دیدگاهی دینی بررسی خواهیم کرد.

۳ـ۴ ارزشگذاری حریم خصوصی

۳ـ۴ـ۱ مفاهیم کلیدی و اهداف رفتاری

- در کتاب راهنمای اطاق بازرگانی بین‌المللی مجموعه‌ای از دستور عمل‌ها برای تجار با عنوان «ابزار حریم خصوصی» تدوین شده است.
- این کتاب راهنما به دو نکته اشاره کرده است: در باب حریم خصوصی نظام مقرر واحدی که برای تمام کشورها، کارآمد باشد وجود ندارد. دیگر اینکه می‌توان به مجموعه‌ای دست یافت که بیشترین خصوصیات مشترک را با دیگر نظام‌ها داراست.
- حریم خصوصی پنج حوزه دارد:
- خلوت و تنهایی: انسان موجودی اجتماعی و مختار است. حق مسلم اوست که در برخی از زمانها و مکانها برای بعضی از امور- مانند عبادت و آسایش- تنها باشد.

- محرمانگی و راز: نوع انسان‌ها در زندگی خویش از افشای اسرار خود ناخرسندند و قرآن نیز تجسس در امور دیگران را نهی کرده است.
- گم نامی و ناشناسی: گم‌نام بودن و در حالتی ناشناس بین مردم زندگی کردن از اختیارات انسان است و هر انسانی حق دارد که چنین حالتی را در برخی حالات و اوقات زندگی خویش برگزیند.
- دوستی و صمیمیت: علمای اخلاق دوستی و صمیمیت را از فضایل اخلاقی می‌دانند. کسی که از اسامی دوستان دیگری تفحص کند به حریم خصوصی او وارد شده است از جمله روابط دوستی رابطه زناشویی است از برخی روایات بر می‌آید که تجسس از روابط زناشویی کار خطایی است.
- تحفظ و نامداخله‌گری: یعنی خبرگیری و مداخله کردن در تصمیمات دیگران که در زبان فارسی به آن فضولی می‌گویند، کار ناشایستی است و در روایات از آن نهی شده است. بنابر این باید در امور دیگران مداخله نکرد و از خود تحفظ و خویشتنداری نشان داد.

در پایان این بخش انتظار می‌رود:

- نکات مربوط به حریم خصوصی را در کتاب راهنمای اطاق بازرگانی بین‌المللی شرح دهید.
- حوزه‌های شمول موضوع حریم خصوصی را برشمارید و تعریف کنید.
- احکام هر یک از حوزه‌های شمول حریم خصوصی را شرح دهید.

۲-٤-۳ ارزشگذاری حریم خصوصی افراد و بازبینی اطلاعات آن

در کتاب راهنمایی که اطاق بازرگانی بین‌المللی، در سازمان تجارت جهانی برای

سیاستگذاران در حوزه تجارت بین‌الملل منتشر کرده، مجموعه دستور عمل‌هایی برای تجار با عنوان «ابزار حریم خصوصی» تدوین شده است. در آنجا ابتدا به دو نکته اشاره می‌شود:

اول، در باب حریم خصوصی نظام مقرر واحدی که برای تمام کشورها کارآمد باشد وجود ندارد. نظام‌های فرهنگی، اقتصادی و حقوقی در کشورها متفاوت است و در نتیجه نمی‌توان راه‌کار مناسب واحدی برای همه عرضه کرد.

دوم، در عین حال می‌توان به مجموعه‌ای دست یافت که بیشترین خصوصیات مشترک را با دیگر نظام‌ها داراست. با توجه به گشودگی و رقابتی بودن اقتصاد جهانی راه‌حل‌های قانونی برای حریم خصوصی نیز نباید متعین و تغییرناپذیر باشد، بلکه باید انعطاف‌پذیر بوده، قابلیت تغییر در طول زمان را داشته باشد. نکته دیگر این است که به نظر این سازمان نباید مقررات دست و پاگیر چنان حریم خصوصی افراد را در حصار گیرد که منافع قابل استحصال از طریق آن را که به رشد اقتصادی مساعدت می‌کند بی‌جهت محدود کند (International Chamber of Commerce: ۲۰۰۳,۳).

البته باید توجه داشت برای کشورهای در حال توسعه مثل کشور ما، توجه به تدوین مقررات لازم برای حفظ حریم خصوصی افراد ضروری است و این تذکرات زمانی سودمندتر است که مقرراتی کافی برای حفاظت از حریم خصوصی افراد در حال تدوین و تصویب باشد.

۳ـ٤ـ۳ حکم ارزشی حریم خصوصی به خودی خود

باید توجه کنیم که در ابتدای بحث از حکم ارزشی در بازبینی حریم خصوصی افراد نباید مواردی را فرض کنیم که عنوان دیگر ارزشی که در داوری ما اثر گذار است داخل در بحث گردد. مثلاً نباید فرض کنیم که ورود در حریم خصوصی شخصی موجب حفظ نظام ملی می‌شود. این گونه فرضها مانع می‌شود که حکم ارزشی در

موضوع اصلی بحث به خودی خود روشن گردد. به عبارت دیگر: باید توجه کنیم که عناوین دیگری با عنوان بحث ما مخلوط نشود، بلکه خود موضوع به خودی خود، به صورت مجرد و خالی از هر عنوان دیگری لحاظ گردد.

به همین جهت روشن است که دخالت در حریم خصوصی شخصی که سابقه ضدیت با نظام دارد و اینک قرائن موثقی بر ادامه فعالیت‌های سابقش به دست آمده است در هیچ حکومت عادلی ممنوعیت ندارد. اگر توطئه ثابت شود حکم ممانعت از ورود به حریم خصوصی نمی‌تواند مانع اخلاقی در بالا رفتن از خانه شخص به وسیله افراد ذی‌صلاح گردد. همان طور که اگر شخصی در منزل خویش بدون حجاب باشد مسلماً عکس‌برداری و فیلم‌برداری از آن شرعاً حرام و اخلاقاً مذموم و نکوهیده است و این نکته به دلیل حکم ارزشی حجاب است که در نوع جوامع حدودی از آن رعایت می‌شود.

٣-٤-٤ حوزه‌های حریم خصوصی و احکام آنها

سؤال اصلی این است که اگر این عناوین دیگر همراه موضوع بحث ما نباشد، حکم ورود در حریم خصوصی چیست؟ گفتیم که حریم خصوصی پنج حوزه شمول دارد که در تعریف حریم خصوصی دخیلند. برای رسیدگی به حکم خاص حریم خصوصی مناسب است از هر یک از این حوزه‌ها به طور مستقل بحث کنیم.

٣-٤-٤-١ خلوت و تنهایی

انسان گرچه موجودی اجتماعی است، اختیار برخی زمان‌ها و مکان‌ها برای تنها بودن حق مسلم او است. از نظر عقلایی به نظر می‌رسد که حق ماست که هر گاه بخواهیم بتوانیم تنها باشیم. این تنهایی به ما فرصت فکر کردن و عبادت کردن می‌دهد. تنهایی در انسان‌های سالم موجب آرامش نیز هست. انسان موجودی اجتماعی است از این رو با دیگران بودن و همراه داشتن در سفر و حضر امری طبیعی است، در عین حال

گرایش به اجتماع در اختیار خود او است و می‌تواند عزلت و تنهایی را اختیار کند. ضمن این که همین انسان اجتماعی گاهی از نظر روحی و از نظر جسمی نیازمند خلوت و تنهایی است. انسان با خود کارهایی دارد که تنها در خلوت و تنهایی برای او ممکن و میسور می‌شود. این از حقوق طبیعی انسان است که هرگاه بخواهد بتواند تنها باشد.

از نظر نقلی گرچه در روایات متعددی تنها خوابیدن در خانه و نیز تنها ماندن در خانه مکروه انگاشته شده است. **(وسائل الشیعه، ج ۵، ص۳۲۹، باب ۲۰، و ص ۳۳۴، باب ۲۱)** ولی در روایات دیگری آمده است که پیامبر در مسیر سفرهایشان به شام به تنها بودن علاقه داشته‌اند. **(بحارالأنوار، ج ۱۶، ص ۴۱)** همچنین گوشه‌گیری و خلوتی که مقدمه عبادت باشد در روایات زیادی نیکو شمرده شده و باید آن را مغتنم شمرد و تنهایی را در کنار گرسنگی و سکوت امری گوارا خوانده‌اند. **(بحار انوار، ج ۶۷، ص ۶۸-۶۹.)**

برای برخی این اجازه داده شده که اگر نمی‌توانند خود را از آفات اجتماعی بدور نگه دارند در خانه بمانند و کمتر بین مردم تردد کنند. نیز اگر مجبور بودند که در تنهایی به سر برند و بر آن صبر کنند این نشانه قوت عقل آنهاست. در حدیثی از امیر مؤمنان علیه‌السلام آمده است که خوشا به حال کسانی که در خانه می‌مانند و به تکه‌ای غذا بسنده می‌کنند و بر خطای خویش می‌گریند. در حدیث موثقی آمده است که سه امر نجات‌بخش است یکی این که زبانت را نگاه داری دیگر این که بر خطایت گریه کنی و سوم این که خانه‌ات وسعت تو را داشته باشد (کنایه از این که بتوانی در خانه بمانی و در خانه‌ات دلتنگ نشوی). نیز از امام صادق علیه‌السلام آمده است که اگر می‌توانی کاری کنی که مردم تو را نشناسند چنین کن. اگر می‌توانی از منزل خود خارج نشوی خارج نشو، چون اگر خارج شوی بر تو لازم می‌شود که غیبت نکنی، دروغ نگویی، حسادت نورزی، ریا نکنی، ظاهرسازی نکنی، و چاپلوسی نکنی. بعد فرمودند خانه مسلمان خوب صومعه‌ای برای او است که موجب می‌شود چشم و زبان و خودش و عورتش را گناه‌آلوده نکند. **(الوسائل ج ۱۵، ص ۳۵۴)**

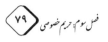

۲ـ۴ـ۴ـ۳ محرمانگی و راز

نوع انسانها در زندگی خود رازها و اسراری دارند که تمایلی به افشای آنها ندارند. اگر کسی از راز فرد دیگری مطلع شد، افشای آن برای دیگران قبیح است. اقتضای دوستی است که اسرار دوست خود را حفظ کنیم و امور محرمانه او را بپوشانیم.

در قرآن کریم از تجسس در امور دیگران نهی شده است. (الحجرات: ۱۲) تجسس به معنای پی‌جویی از امور مخفی مردم است تا بدانها اطلاع یابند. گفته‌اند که مراد نهی جستجو از امور خصوصی و عیوب مردم است. (المیزان، ج ۱۸، ص ۳۲۳؛ الکشاف، ج ۴، ص ۳۷۲) در حدیث مناهی از پیامبر اکرمﷺ نقل شده که خداوند نهی کرده است که کسی به خانه همسایه خود سرک بکشد (الفقیه، ج ۴، ص ۱۳) و نیز در همان جا نقل شده که هر کس در امور خصوصی و قبیح برادر مسلمان خود تأمل و غور کند هفتاد هزار ملائکه او را لعنت کنند. (همان، ص ۹)

مواردی از روایات نیز هست که نظر در مکتوبات شخصی افراد را منع کرده است. در حدیثی است که هر کس بدون اجازه برادرش در کتابت او نظر کند گویی که درون آتش (است و) نظر می‌کند. (عوالی الئالی، ج ۱، ص ۱۸۱) نیز در روایات صحیح از امام صادق نقل شده است که فرمودند عورت مؤمن بر مؤمن حرام است و عورت را نه به معنای خاص بلکه به معنای عام یعنی به اسرار مؤمن تفسیر کردند. (الکافی، ج ۲، ص ۳۵۹) در باب کشف اسرار در روایت صحیحی آمده است که دو تن از اصحاب رسول خدا از همسر ایشان ام‌سلمه از اسرار نهان خلوت ایشان سؤال کردند، وقتی حضرت مطلع شدند سخت خشمگین شدند و بر منبر رفتند و فرمودند: «چرا عده‌ای به دنبال امور خصوصی من هستند و از آن پرسش می‌کنند» (الکافی، ج ۵، ص ۵۶۵.) در روایات زیادی نیز کتمان سر و پیشگیری از افشای آن توصیه شده است که ملازم احترام دینی به اسرار زندگی افراد است. (بحار الانوار، ج ۷۲، صص ۶۸-۶۹، الکافی، ج ۸، ص ۱۵۲ به سند موثق)

حضرت امام خمینی‌ره در بند ششم فرمان هشت ماده‌ای خود صریحاً تجسس در

امور شخصی افراد را جز مواردی که توطئه‌ای در کار باشد منع کردند. (صحیفه نور، ج ۱۷، ص ۱۰۶)

در عین حال باید توجه داشت که خداوند متعال در خلوت نیز ناظر به اعمال ما است و این امر آموزنده باید همواره در تمام کارها مد نظر ما باشد:

وَ هُوَ اللَّهُ فِي السَّماواتِ وَ فِي الْأَرْضِ يَعْلَمُ سِرَّكُمْ وَ جَهْرَكُمْ وَ يَعْلَمُ ما تَكْسِبُونَ (الانعام-۳)

او خداوند است در آسمان‌ها و زمین، او سرّ شما و آشکار شما را می‌داند و از کارهایتان خبر دارد.

۳ـ۴ـ۴ـ۳ گمنامی و ناشناسی

گفتیم که زندگی شهروندی الزاماتی دارد که همه باید آن را رعایت کنند. انسان موجودی اجتماعی است و تمایل اولیه او به مصاحبت با دیگران است. تاریخ زندگی بشر بر این امر گواهی می‌دهد. در عین حال گمنام بودن و در حالتی ناشناس بین مردم زندگی کردن نیز از اختیارات انسان است و هر انسانی حق دارد که چنین حالتی را دست کم در برخی حالات و اوقات زندگی خویش برگزیند. اما باید توجه داشت که طبع اولیه انسان این نیست.

در روایات اسلامی انگشت‌نما شدن کار خوبی نیست. در روایت صحیحی از امام صادق(ع) آمده است که اگر کسی لباسی بپوشد که او را انگشت‌نما سازد خداوند بر او خشمگین شود. (الکافی، ج ۶، صص۴۴۴-۴۴۵)

از سویی دیگر ، تنها زندگی کردن و در خانه ماندن و دوری از اجتماعات نیز کار خوبی نیست. زیرا انسان برای یادگیری امور واجب خویش و ادای حقوق برادران و همنوعان خود باید از خانه خارج شود و با دیگران معاشرت کند. از جمله این که با صدای بلند سلام کند و جواب سلام دیگران را بدهد. نیز مستحب است که در اجتماعات دینی و مساجد محله حاضر شوند و به صورت جمعی نماز بخوانند و هر کس بدون عذر در نماز جماعت حاضر نشود نمازش اشکال دارد (الکافی، ج ۳، ص ۳۷۲) و

به جماعت دعا بخوانند (الوسائل ج ۷، ص ۱۰۳) و به صورت جمعی غذا بخورند. (الوسائل ج ۲۴، ص ۲۶۲، الکافی ج ۶، ص ۲۷۳) همه این امور حکایت از آن دارد که همراهی با جماعات مؤمنان در اسلام توصیه شده است. و این کار در بسیاری موارد موجب شناخته شدن و خروج از گمنامی است.

در عین حال دیدیم که در روایات یاد شده به برخی افراد تنها ماندن در خانه توصیه شده بود و این نشان می‌دهد که در برخی شرایط تنها بودن و تنها زیستن نیکوست. این تنهایی موجب شناخته نشدن و گمنامی می‌شود. بنابر این از آن روایات می‌توان به نوعی و در شرایطی خاص گمنامی و ناشناسی را دست کم در برخی موارد امری نیکو دانست.

اگر کسی زندگی در یک شهر یا جامعه‌ای را برگزید نمی‌تواند درخواست این حق را داشته باشد که اطلاعات اولیه شخصی او مانند نام خانوادگی‌اش برای هیچ فرد دیگری فاش نگردد و در گمنامی مطلق باشد. نام صاحبان املاک بر روی قبض‌های آب، برق، گاز، تلفن و کارت‌های اعتباری و سازمان‌های ثبت احوال و اسناد و مانند اینها مندرج است و هیچ کس نمی‌تواند برای خود این حق را قائل باشد که نام او را از این موارد حذف کنند. اقتضای شهروندی آن است که به لوازم آن پایبند باشند. نام و مشخصات صاحبان مشاغل مثل نانوایان بر روی جواز کسبشان ثبت است و ایشان گاهی موظفند آن را در معرض دید همگان قرار دهند.

اطلاعات شخصی مربوط به نام و نام خانوادگی و تاریخ تولد (سن) و نام پدر و شماره شناسایی و محل صدور شناسنامه افراد بر روی گواهینامه رانندگی مندرج است و افراد موظفند در مواردی که قانون شهروندی اقتضا دارد آنها را برای افرادی خاص همچون نیروهای انتظامی افشا کنند. هیچ شهروندی نمی‌تواند به بهانه حفظ حریم خصوصی خویش از افشای این اطلاعات خودداری کند. به طور کلی مواردی هست که قانون یک شهر و دولت جهت حفظ نظم شهر و امنیت خود شهروندان افشای آن را لازم دانسته است.

اما در اینجا لازم است دست کم به دو نکته اشاره شود: اول این که با ورود دو عنوان ارزشی دیگر یعنی حفظ نظم شهر و امنیت شهروندان از موضوع بحث خویش که حریم خصوصی فی نفسه بود خارج شده‌ایم و موضوع بحث را به خودی خود لحاظ نکرده‌ایم، بلکه آن را با دو عنوان ارزشی دیگر یعنی حفظ نظم و امنیت مخلوط و مرکب ساخته‌ایم و طبیعی است که حکم مخلوط بتواند غیر از حکم اجزاء باشد. و همین نکته ما را به نکته دوم رهنمون می‌سازد و آن این که اگر فرض کنیم که افشای برخی از این نوع اطلاعات هیچ ربطی به نظم شهر و امنیت آن نداشته باشد آنگاه چرا باید شهروندان را به افشای آن الزام نمود؟ چرا باید سن و سال اشخاص و محل صدور شناسنامه بر روی گواهینامه رانندگی معلوم باشد، مسلماً صدور گواهینامه نشانگر آن است که صاحب آن سن قانونی لازم را برای رانندگی دارد و محل صدور شناسنامه نمی‌تواند برای حفظ نظم و امنیت شهر مفید باشد، بلکه شاید نشانی محل سکونت شخص برای نیروی انتظامی در حفظ نظم و امنیت مفیدتر باشد.

سخن بر سر این است که اگر معلوم شود بخشی از اطلاعات درخواستی دولتمردان جهت آگاهی عمومی ضرورتی ندارد و اگر معلوم شود که حفظ حریم خصوصی افراد یک ارزش فی نفسه است، باید دولتها از درخواست افشای اطلاعات خصوصی اضافی منع شوند و تنها به میزان ضرورت آن اکتفا کنند. دولتها ممکن است مجاز باشند که برای مصالح نظامشان بسیاری از اطلاعات افراد را نگهداری کنند اما به نظر نمی‌رسد درخواست افشای همه آن اطلاعات در چیزی مثل گواهینامه رانندگی امری بایسته و شایسته باشد.

٤ـ٤ـ٤ـ۳ دوستی و صمیمیت

دوستی در اسلام از فضایل اخلاقی است و علمای علم اخلاق از ارسطو به بعد همگی به دوستی به عنوان یک فضیلت اشاره کرده‌اند. در روایات موثق و صحیح از امام صادق(ع) آمده است هر دو مسلمان و مؤمنی که با هم مواجه شوند هر یک دیگری

را بیشتر دوست بدارد فضیلت او بیشتر است. (الکافی، ج ۲، ص ۱۲۷، روایت ۱۴ و ۱۵). چگونگی روابط دوستی بین افراد از حریم خصوصی آنها محسوب است. اگر کسی از اسامی دوستان دیگری و چگونگی رابطه آنها تفحص کند به حریم خصوصی آن فرد وارد شده است. تذکر این نکته در اینجا مناسب است که در روابط دوستی باید حدود شرعی را رعایت کرد. در قرآن کریم آمده است که برخی دوستان در دنیا هستند که - اگر رعایت تقوای الهی و پارسایی را نکرده باشند- در روز قیامت دشمن یکدیگر باشند. (الزخرف: ۶۷)

خداوند متعال بین زن و شوهر رابطه دوستی و مهربانی برقرار کرده است. (الروم: ۲۱) روابط زناشویی نمونه‌ای از روابط دوستانه است که به حد صمیمیت رسیده است. از روایت منقول از ام‌سلمه نیز برمی‌آید که جستجو از احوال زناشویی کار خطایی است.

۵ـ۴ـ۴ـ۳ تحفظ و نامداخله‌گری

تحفظ و مداخله نکردن در مقابل مزاحمت و مداخله و خبرگیری دیگران است در تصمیمات و کارهایی که مستقیماً مربوط به خود شخص است. مداخله در امر دیگران نزد عقلا امری ناشایست است. این مزاحمت می‌تواند با شنود مکالمات خصوصی و زیر نظر گرفتن فرد صورت گیرد حتی در حالی که خود فرد نیز به شنود و زیر نظر بودن خود متوجه و آگاه باشد. مثل زمانی که دو نفر در اتوبوس یا رستوران با هم سخن می‌گویند و دیگری سخنان و حرکات ایشان را زیر نظر گرفته باشد یا در سخنان آنها وارد شود. این امر در زبان فارسی به فضولی تعبیر می‌شود و شخصی را که چنین خطایی از او سر می‌زند فضول می‌نامند. مانند این که فرد ناشناسی از شما بپرسد که چرا این رنگ لباس را برای پوشیدن انتخاب کرده‌اید.

در مورد گوش دادن به گفتگو و مکالمات اشخاص در روایتی به طور مستند و صحیح از امام صادق(ع) آمده است که هر کس به قومی گوش می‌کند در حالی که ایشان از این کار او کراهت دارند روز قیامت در گوش او سرب گداخته ریخته شود. (ثواب الاعمال، ص ۲۲۳)

۵ـ۳ دلایل عقلی و نقلی حق حریم خصوصی

۱ـ۵ـ۳ مفاهیم کلیدی و اهداف رفتاری

- حریم خصوصی هر کس حقوق شخصی اوست و هیچ کس بدون عذر موجه حق تصرف بدون اذن او را ندارد.

- در باب حفظ حریم خصوصی خانه، باید گفت: وقتی قصد ورود به خانه‌ای را داشتید اگر اجازه دادند وارد شوید و الا وارد نشویدو اگر کسی داخل خانه نبود تا اذن دخول دهد وارد نشوید. اگر کسی از ورود شما به منزلش نهی کرد نباید داخل شوید.

- آیات سوره نور به حریم خصوصی در حوزه خلوت و تنهایی و محرمانگی و راز اشاره می‌کند.

در پایان این بخش انتظار می‌رود:

- حکم عقلایی حریم خصوصی را شرح دهید.
- حکم نقلی حریم خصوصی را در آیات و روایات شرح دهید.

۲ـ۵ـ۳ حکم عقلایی

رعایت حریم خصوصی اشخاص تا جایی که خصوصی باشد بخشی از حقوق شخصی تلقی می‌شود و صرفاً خود شخص می‌تواند در آن تصرف کند. همان طور که تصرف انسان در اموال و حقوق دیگرش به دست خود اوست، تصرف در حریم خصوصی او نیز به دست خود اوست. انسان می‌تواند مال خود را حفظ کند و از حقوقی که عقل و شرع برای او در آن ثابت کرده بهره‌مند باشد، آن را برای خویش حفظ کند یا به دیگری واگذار نماید. همان طور هم انسان بر حریم خصوصی خویش حقی دارد که تمام عقلا آن را می‌پذیرند. همان طور که کسی نمی‌تواند در حقوق افراد

به غیر اذن و اجازه او تصرف کند، در حریم خصوصی افراد نیز بدون اذن و اجازه ایشان نمی‌تواند وارد شود. این امری مسلم و حتمی در بین تمام جوامع بشری است که هر گونه تصرف ابتدایی را در حریم خصوصی اشخاص اگر بدون عذر موجهی باشد ظلم محسوب می‌دارند.

۳ـ۵ـ۳ دلایل نقلی

نمونه‌هایی از حق حریم خصوصی مورد تأیید شرع مقدس نیز قرار گرفته است.

یَأَیهَا الَّذِینَ ءَامَنُوا لا تَدْخُلُوا بُیُوتاً غَیرَ بُیُوتِکمْ حَتی تَستَأْنِسوا وَ تُسلِّمُوا عَلی أَهْلِهَا ذَلِکُمْ خَیرٌ لَّکُمْ لَعَلَّکُمْ تَذَکَّرُونَ * فَإِن لَّمْ تجِدُوا فِیهَا أَحَداً فَلا تَدْخُلُوهَا حَتی یُؤْذَنَ لَکمْ وَ إِن قِیلَ لَکُمُ ارْجِعُوا فَارْجِعُوا هُوَ أَزْکی لَکُمْ وَ اللَّهُ بِمَا تَعْمَلُونَ عَلِیمٌ * (سوره نور آیه۲۸-۲۷)

ای کسانی که ایمان آورده‌اید، به خانه‌هایی که خانه‌های شما نیست داخل مشوید تا اجازه بگیرید و بر اهل آن سلام گویید. این برای شما بهتر است، باشد که پند گیرید. و اگر کسی را در آنها نیافتید، داخلِ آنها نشوید تا به شما اذن دهند؛ و اگر به شما گفته شد: «برگردید» برگردید، که این برای شما سزاوارتر است، و خدا به آنچه انجام می‌دهید داناست.

مرحوم علامه طباطبایی رحمه‌الله در تفسیر آیه ۲۷ می‌فرماید: «مثلاً با یا الله گفتن یا سرفه کردن و مانند آن صاحب خانه را خبر کند که کسی هست که می‌خواهد داخل شود تا صاحب خانه آماده ورود او گردد، چه بسا در حالتی باشد که نخواهد کسی او را ببیند یا فردی از آن مطلع گردد.» (المیزان، ۱۰۹/۱۵). به این مضمون روایاتی نیز وارد شده است. (ببینید: وسایل الشیعه ۸۱/۱۲ ، باب ۵۰) این مورد از مصادیق حرمت افشای حریم خصوصی است. با ورود بدون اذن به منزل کسی، ممکن است اموری شنیداری یا دیداری از صاحب خانه هویدا گردد که مایل به افشای آنها نبوده است. این آیه و تفسیر

آن به حوزه اول و دوم شمول حریم خصوصی یعنی به «خلوت و تنهایی» و «محرمانگی و راز» اشاره می‌کند.

به نظر می‌رسد که خانه خصوصیتی نداشته باشد هر جا که حریم خصوصی انسان محسوب شود مشمول همین حکم است. ممکن است این مکان دفتر کار شخصی باشد. اگر درب بسته است و بیرون‌نمایی ندارد و شخص نیز وظیفه پاسخگویی یا عرضه خدمات عمومی و مانند آن بر دوش ندارد، ورود بدون اجازه و بدون درب زدن مشمول ممنوعیت آیه است.

حتی در روایات آمده است وقتی انسان وارد خانه خودش هم می‌شود اگر کسی در آنجا هست به او سلام کند و اگر نیست به خودش سلام کند. **(همان؛ معانی الاخبار، ص ۱۶۳)** در روایاتی دیگر آمده است که قبل از اجازه با چشمان خویش به درون منزل‌ها نگاه نکنید.

به لحاظ عرفی هم راه ورود و دخول در منزل ابزارهای جدیدی را نیز که مصادیقی عرفی از اطلاع از وقایع درون منزل محسوب است، شامل می‌شود. بنابر این، این آیه شامل تصاویر مدار بسته و دوربین و مانند آن نیز می‌شود چون این نیز نوعی اطلاع بدون اجازه از درون منزل است. هر نوع اطلاع گیری از درون منزل به طور مستقیم یا با ابزارهای جدید در صورتی که بدون اذن باشد مشمول این حکم است. همچنین اگر تلفن کسی را شنود کنند و سخنان او را بشنوند یا ضبط کنند بعید نیست که عمومیت حکم آیه، شامل آن هم می‌شود.

این آیه صرفاً مربوط به جایی نیست که احتمال کاری خلاف برود و شرع بخواهد امور قبیح مخفی بماند. حتی اگر بدانیم که شخص به کاری اشتغال دارد که اگر همگان بدانند برایش بهتر و در حسن شهرتش مؤثر است باز آیه از ورود بدون اذن منع می‌کند. بنابر این حتی کسی که بخواهد از عبادت‌های خالصانه فردی نیز مطلع گردد یا آن را به اطلاع دیگران برساند، باز اطلاق نهی آن را هم شامل می‌شود و مانع ورود است.

همچنین این آیه صرفاً در مواردی نیست که فرد بخواهد از قیودی که حضور در

اجتماع تحمیل می‌کند آزاد باشد. حتی اگر وارد شونده بر خانه بداند که شخص در خانه نیز تمام هیأت اجتماعی خویش را حفظ می‌کند باز ورود در خانه بدون اذن امر خیری نیست و مورد نهی است. شاید فرد حوصله حضور دیگران را نداشته باشد یا بخواهد مدتی را در تنهایی به سر برد و مانند آن. اطلاق این آیه تمام موارد فوق را در بر می‌گیرد. البته می‌توان برخی از این امور را از حکمت‌های آیه دانست ولی از آنجا که اطلاق آیه محصور در این موارد نیست، نمی‌توان حکم ارزشی حفظ حریم خصوصی خانه را به آن حکمت‌ها منحصر نمود.

در مجموع از این آیات شریف چند حکم معلوم می‌شود: اول این که اگر به خانه غیر وارد شد و به او اجازه دادند که وارد شود می‌تواند وارد شود و اگر اجازه ندادند نباید وارد شود. دوم این که اگر کسی در خانه نبود که به او اجازه ورود دهد باز هم نباید به خانه وارد شود. سوم این که وقتی کسی، دیگری را از ورود در منزلش نهی کرد آن دیگری نباید داخل شود. همه این احکام نشان می‌دهد که اطلاع و ورود به خانه اشخاص بدون اجازه آنها کاری ممنوع و ناشایست است.

نکته قابل توجه این است که در خلال این احکام علت اخلاقی و ارزشی حکم شرعی نیز بیان شده است: کلمه «خیر» و «ازکی» از محمولات فقهی نیستند بلکه از عبارت‌های ارزشی اخلاقی هستند. ماده «زکو» به معنای پاکی از پلیدی و زشتی است. ازکی بودن به پاکی معنوی این اعمال و خیر بودن به حسن ذاتی و ارزشی آنها اشاره دارد. توجه به این امور در احکام شرعی ما را به احکام اخلاقی که غایت میانی احکام شرعی هستند رهنمون می‌سازد.

بدون توجه به این احکام ارزشی، نوع احکام شرعی اموری خشک و جامد به نظر می‌رسد و موجب یک سو نگری در ابعاد دین مبین اسلام می‌شود که متأسفانه در برخی افراد شیوع دارد. اسلام در تأسیس شریعت غایاتی را مد نظر داشته که احکام فقهی بدان غایات رهنمون می‌شود. رشد اخلاقی انسان‌ها و آراستگی به ارزش‌های انسانی مانند

کرامت، شجاعت و عفت و ارزش‌های دینی مانند تقوا و امید به خدا و پاکسازی نفس از غایات احکام شرعی است و غفلت از آنها موجب جمود فکری و کم بهایی عبادات است. تتمیم و تکمیل مکارم اخلاقی هدف انبیاست و عبادتی که به این مکارم اخلاقی نینجامد عبادتی در خور تحسین و تمجید نیست هر چند موجب قبول عذر باشد و عابد را از عقاب الهی برهاند.

لازم است محققان علوم دینی این محمولات ارزشی را در قرآن استقصا کنند و مانند احکام خمسه فقهی (وجوب، حرمت، استحباب، کراهت و اباحه) در طبقه بندی خاصی قرار دهند و مفاهیم هر یک را شرح و تحلیل نمایند. بایسته‌ها و شایسته‌های اخلاقی را از امور قبیح و ناشایست باز شناسند و طبقه‌بندی افعال خیر و شر را با توجه به نیازهای جدید نظری و عملی در رساله‌های مستقلی مدون سازند. این به معنای تدوین علم جدیدی مشابه اصول فقه است که در آن اصول بنیادین علم اخلاق تدوین شده باشد و روش استنباط احکام ارزشی و اخلاق دینی در آن روشن باشد و نسبت آن با ارزش‌های اخلاق عقلی و رابطه فضایل عقلی با فضایل دینی در آن تبیین شده باشد. به دلیل توسعه علم اصول فقه در عصرهای گذشته بسیاری از این احکام و موارد مشابه آن را می‌توان در علم اصول فقه و متون مدونی که قدما در این زمینه نوشته‌اند یافت. به همین دلیل علم اصول فقه تنها برای فقه نیست بلکه در استنباط احکام ارزشی و اخلاقی نیز کمک شایانی می‌کند هر چند در بسیاری موارد دیگر در زمینه احکام ارزشی نیازمند تتمیم و تکمیل است.

البته حفظ حریم خصوصی افراد در نامه‌ها و مکتوبات و اسناد از آیه فوق استفاده نمی‌شود. مگر آن که تنقیح مناط حکم کلی حفظ حریم خصوصی در همه شکل‌های آن از آیه فهمیده شود. حکم اخلاقی این مسأله قبلاً از روایات دیگر بیان گردید.

فصل چهارم

امنیت

۱ـ۴ تعریف امنیت اطلاعات

۱ـ۴ تعریف امنیت اطلاعات

۱ـ۱ـ٤ مفاهیم کلیدی و اهداف رفتاری

- امنیت از ریشه امن به معنای در امان و آسایش بودن و مصونیت از خطرات است.
- هرگاه امور ارزشمندی مانند جان، مال، آبرو، ناموس و امور ارزشمند دیگر که متعلق به انسان است از طریق افعال و اعمال خصمانه مورد تهدید قرار گیرد و تهدید به فعلیت برسد حمله رخ می‌دهد.
- امنیت فضای رایانه‌ای عبارت است از: حفاظت اطلاعات از دسترسی و استفاده غیر مجاز، از تغییر نابجا، دزدی و تخریب اطلاعات.
- امنیت رایانه از اموری چون اطمینان به دسترسی و صحت عملیات یک دستگاه رایانه سخن می‌گوید.

در پایان این بخش انتظار می‌رود:

- با امنیت فضای رایانه‌ای و شرایط آن آشنا شوید.

- می‌توانید تفاوت امنیت رایانه و امنیت اطلاعات را بیان کنید.
- با مصادیق امنیت رایانه‌ای آشنا شوید.
- سه رکن اصلی در امنیت اطلاعات را شرح دهید.
- احراز هویت را توضیح دهید.
- انکار ناپذیری را توصیف کنید.

۲ـ۱ـ٤ تعریف امنیت

امنیت از ریشه کلمه امن است. امن در مقابل خوف به معنای ترس و نگرانی به کار می‌رود. امنیت به معنای در امان و آسایش بودن، و مصونیت از خطر است. مکانی را مکان امن گویند که بی‌گزند و بی‌آسیب باشد.

با مراجعه به تعاریفی که در مورد امنیت آمده است می‌توان این تعریف را ارائه کرد: «وصف و حالتی در انسان و مکان و اموری مانند آن که حاصل ایجاد و حفظ اقدامات حمایتی و حفاظتی برای مصونیت از افعال خصمانه و عوامل خطرناک است.» این افعال و عوامل خصمانه و خطرناک به عنوان تهدید و حمله شناخته می‌شوند و آنچه مورد تهدید یا حمله واقع می‌شود عبارت است از: امور ارزشمندی چون جان، بدن، مال، آبرو، ناموس، و دیگر امور ارزشمندی که متعلق به انسان است. تهدید احتمال وقوع افعال و عوامل خصمانه است و وقتی تهدیدی به فعلیت برسد و عملی شود حمله رخ داده است.

باید توجه داشت که امنیت حتی آن گاه که وصف انسان است نسبتی با امری بیرون از انسان دارد و از این نظر ارزشی بیرونی است. آنچه حقیقتاً متصف به امنیت می‌شود خود انسان نیست بلکه محیطی است که انسان در آن زندگی می‌کند. امنیت در انسان عبارت است از ایمنی و مصونیت از خطرات و صدمات بیرونی به انسان و متعلقات او. البته در نتیجه این امنیت بیرونی در انسان، حالتی در درون او پدید می‌آید

که از آن به آرامش و سکینه تعبیر می‌کنند. این حالتِ آرامش موجب اطمینان قلبی و باطنی است که وصفی نفسانی محسوب می‌شود. کسی که فاقد این حالت نفسانی باشد، در باطن وحشت‌زده، نگران و هراسان و در رفتار ظاهری خود بی‌تاب، بی‌قرار، ناآرام، مضطرب و پریشان خواهد بود. مردم عادی از این حالت به «دل شوره» تعبیر می‌کنند.

امنیت امری واقعی است و نباید آن را با احساس امنیت اشتباه گرفت. گاهی امنیت هست ولی احساس امنیت نیست مثل وقتی که کودکی در تاریکی منزلی امن قرار می‌گیرد. و گاهی احساس امنیت هست ولی امنیت نیست مثل آن روستایی که شیر، گاو او را در آخور خورده و برجایش نشسته بود و او در تاریکی دست به سر و گوش شیر می‌کشید به خیال آن که گاو اوست.

امنیت فضای رایانه‌ای رشته‌ای از فناوری است که به امنیت اطلاعات مشهور است. هدف از امنیت فضای رایانه‌ای، حفاظت اطلاعات از دسترسی و استفاده غیر مجاز، تغییر نابجا، دزدی و تخریب اطلاعات است.

امنیت فضای رایانه‌ای شرایطی را به رایانه‌ها تحمیل می‌کند که از بسیاری از شرایط دستگاه‌های دیگر متفاوت است، چون این شرایط محدودیت‌هایی است در باب اموری که رایانه‌ها نباید انجام دهند. این که رایانه‌ها کارهایی که باید انجام دهند به درستی انجام دهند به حد کافی دشوار و پیچیده است تا چه رسد به این که لازم باشد شرایطی سلبی را رعایت کنند. امنیت فضای رایانه‌ای راهبردی فنی به دست می‌دهد تا بتوانیم شرایط سلبی را به قواعد اجرایی ایجابی تبدیل کنیم.

۳ـ۱ـ٤ تفاوت امنیت رایانه و امنیت اطلاعات

به طور کلی متخصصان این حوزه دو موضوع را از یکدیگر مجزا می‌کنند: امنیت رایانه و امنیت اطلاعات. این دو اصطلاح گاهی به خطا به جای هم به کار می‌روند. البته این دو به هم مربوطند و اهداف مشترکی دارند که عبارتند از حفاظت از

محرمانگی، تمامیت، و دسترسی‌پذیری اطلاعات. ولی در عین حال تفاوتهایی نیز بین آنها وجود دارد. این تفاوتها در رویکرد به موضوع امنیت، روش‌های کاربردی و حوزه‌های تمرکز است.

امنیت رایانه از اموری چون اطمینان به دسترسی و صحت عملیات یک دستگاه رایانه سخن می‌گوید

امنیت رایانه شامل مصادیقی از این قبیل است:

-   محدود کردن دسترسی فیزیکی به رایانه‌ها تنها برای کسانی که امنیت رایانه‌ها را به مخاطره نمی‌اندازند.

-   سازکارهای سخت‌افزاری که قواعدی را بر برنامه‌های رایانه‌ای تحمیل می‌کند به طوری که امنیت رایانه‌ها دیگر تنها وابسته به نرم‌افزارهای رایانه‌ای نباشد. مثلاً قفل‌های سخت‌افزاری (دانگل) امنیت بالایی دارند به گونه‌ای که امنیت رایانه بر برنامه‌های نرم‌افزاری متکی نیست.

-   سازکارهای سیستم عامل که قواعدی را بر برنامه‌ها تحمیل می‌کند تا مانع اعتماد به برنامه‌های رایانه‌ای شود. باید توجه داشت که سیستم عامل ویندوز دارای دربهای پنهان است که برای کاربران واضح نیست. کاربران این سیستم عامل به هیچ روی از احتمال سرقت اطلاعاتشان ایمن نیستند، گرچه شرکت مایکروسافت همواره تضمین‌هایی در باب اطمینان به امنیت داده است. از آنجا که این سیستم عامل از دید اهالی فن، سیستم عامل امنی تلقی نمی‌شود چالشی اصلی بین این شرکت آمریکایی و کشورهای پیشرفته پدید آمده که تا کنون نیز حل نشده است. این احتمال موجب تولید سیستم‌های عاملهای دیگری چون لینوکس شده است که به سیستم‌های عامل متن باز مشهور است. این سیستم‌های عامل فاقد وجوه پنهان و دربهای مخفی است و امکان سرقت اطلاعات در آنها قابل ردیابی است.

- راهبردهای برنامه‌نویسی برای این که برنامه‌هایی رایانه‌ای تولید کنند که قابل اعتماد باشند و در برابر اخلال مقاومت کنند.

امنیت اطلاعات به محرمانگی، تمامیت و در دسترس بودن اطلاعات توجه دارد و به صورت داده‌ها (مثل صورت الکترونیکی، چاپی، یا صورتهای دیگر) کاری ندارد.

٤ـ۱ـ٤ ارکان امنیت اطلاعات

اصولاً سه مفهوم اصلی و کلیدی در حوزه امنیت اطلاعات مؤثرند؛ به گونه‌ای که می‌توان این سه مفهوم را سه رکن اساسی در امنیت اطلاعات دانست: محرمانگی (**confidentiality**)، تمامیت (**integrity**)، و دسترسی (**availability**).

۱ـ٤ـ۱ـ٤ محرمانگی

محرمانگی وصفی است حاکی از منع کشف اطلاعات برای افراد یا دستگاههای غیر مجاز. مثلاً عدد رمز کارتهای اعتباری برای انتقال پول از یک حساب به حسابی دیگر از مصادیق امور محرمانه است. در این مورد نظامهای امنیتی با رمزنگاری، محرمانگی را تقویت می‌کنند تا افراد غیر مجاز نتوانند از آن سوء استفاده کنند، یا از نگهداری اطلاعات در مکانهای غیر ضرور جلوگیری می‌کنند، یا با محدودسازی دسترسی به مکانهایی که این اطلاعات در آن نگهداری می‌شود، محرمانگی اطلاعات را تقویت می‌کنند. اگر به هر طریق عدد رمز کارت اعتباری یک کاربر به دست فردی غیر مجاز بیفتد، محرمانگی نقض شده است.

نقض محرمانگی در امور مختلف و به صورتهای گوناگونی روی می‌دهد: کشف اطلاعات شخصی در امور مالی، پزشکی، تحصیلی، اسناد کیفری و جرمها نمونه‌هایی از نقض محرمانگی هستند. وقتی کسی از بالای سر شما به صفحه نمایشگر رایانه شما در حالی نگاه کند که شما اطلاعات محرمانه خود را مرور می‌کنید؛ اگر رایانه کیفی شما را که حامل اطلاعات حساسی در باب کارمندان شرکت است بدزدد یا بفروشد؛ اگر

اطلاعات محرمانه شما را از طریق تلفن به افراد غیر مجاز انتشار دهد، همگی از مصادیق نقض محرمانگی هستند.

محرمانگی را نباید با حریم خصوصی اشتباه گرفت. محرمانگی برای حفظ حریم خصوصی لازم است ولی کافی نیست. در حریم خصوصی مفاهیم دیگری غیر از محرمانگی نیز می‌توانند دخیل باشند که در بخشهای قبل آنها را توضیح دادیم.

۴ـ۱ـ۴ـ۲ تمامیت

تمامیت یا صحت اطلاعات در امنیت اطلاعات بدین معنا است که کسی نتواند بدون مجوز هیچ یک از داده‌ها را تغییر دهد. تمامیت وقتی نقض می‌شود که یک کارمند به عمد یا خطا پرونده‌های داده‌های مهم را پاک کند؛ یا رایانه ویروسی شود؛ یا یک کارمند بتواند در فهرست حقوقها، حقوق خود را تغییر دهد؛ یا یک کاربر غیر مجاز یک پایگاه اطلاع‌رسانی را خراب کند؛ یا کسی بتواند تعداد زیادی رأی را درون صندوق آرای انتخابات برخط بریزد.

همان طور که ملاحظه می‌کنید در نقض تمامیت لازم نیست سوء نیت در کار باشد. ممکن است یک کاربر نشانی فردی را به خطا وارد کند. روزآمدسازی گسترده و نامنسجم یک بانک داده می‌تواند به طور نادرستی داده‌ها را تغییر دهد و تمامیت اطلاعات آن را به خطر اندازد. متخصصان امنیت اطلاعات مسئولیت دارند که از خطاهایی که موجب نقض تمامیت اطلاعات می‌شود پیشگیری کنند.

۴ـ۱ـ۴ـ۳ دسترسی

در دسترس بودن اطلاعات یکی دیگر از مؤلفه‌های امنیت اطلاعات است. هر نظام اطلاعاتی برای این که به کار آید، باید به گونه‌ای طراحی شده باشد که هنگام نیاز، اطلاعاتش در دسترس باشد. این بدان معناست که دستگاههای کامپیوتری که برای ذخیره‌سازی و پردازش اطلاعات به کار می‌روند، مراقبتهای امنیتی که برای حفاظت از آن اطلاعات صورت می‌پذیرند، و کانالهای ارتباطاتی که از آنها برای دسترسی به

اطلاعات استفاده می‌شود، باید درست کار کنند. نظامهای با دسترسی بالا باید چنان طراحی شوند که در تمام زمانها در دسترس باشند، طوری که به دلیل قطع برق، از کار افتادن سخت‌افزارها، و روزآمدسازی سیستم، بی‌نظمی در ارائه خدمات پیش نیاید. برای اطمینان بخشی به دسترسی باید از حملات ردّ خدمات نیز جلوگیری کرد.

در عین حال گاهی لازم است دسترسی به اطلاعات را محدود کنند. دسترسی به بانک اطلاعات تلفنهای خانگی، یا بانک اطلاعات کد ملی افراد یا بانک اطلاعات نشانی محل سکونت افراد نباید به طور آزاد در دسترس همگان قرار گیرد. یکی از مسئولیتهای مدیران دستگاههای دولتی آن است که اطلاعات را طبقه‌بندی کنند و سطح دسترسی اشخاص حقیقی و حقوقی را به اطلاعات ملی، محلی و سازمانی تعریف کنند.

در یک نظام اطلاع‌رسانی جامع، بانکهای اطلاعات ملی، محلی و سازمانی و سطح دسترسی سازمانها برای ورود اطلاعات، اصلاح یا تغییر اطلاعات، و رؤیت اطلاعات هر بانک مشخص می‌شود. مثلاً مشخص می‌شود که طبق چه نظامی اطلاعات کد ملی به اطلاعات سکونت افراد ارتباط می‌یابد؛ چه سازمان یا سازمانهایی این اطلاعات دوسویه را تولید می‌کنند، کدام یک مجازند آن را اصلاح کنند یا تغییر دهند و کدام یک می‌توانند این اطلاعات را رؤیت کنند و برای مقاصد سازمانی از آن بهره ببرند.

همچنین مشخص می‌شود که شهروندان چگونه و به چه شیوه‌ای می‌توانند از این بانک اطلاعات بهره‌مند شوند. مثلاً می‌توانیم با نگهداری بانک اطلاعات نفوس و مسکن مجموعه‌ای از اسناد مالکیت املاک را در یک مرکز داده نگهداری کنیم و هر وقت شهروندی که در صدد خرید یا فروش آن ملک است تقاضا کند یک نسخه سند مالکیت ملک را از طریق اینترنت یا نامه به دست او برسانیم. در این حال هیچ احتیاجی به نگهداری اسناد مالکیت در گاو صندوقهای امن نداریم؛ چون هر وقت بخواهیم نسخه‌ای از سند در اختیارمان قرار می‌گیرد.

در کشور انگلستان سازمانی وجود دارد که اسناد مالکیت خودروها را صادر و

نگهداری می‌کند. هر یک از شهروندان که بخواهد خودروی خود را بفروشد با پر کردن یک فرم جدید که در همه فروشگاههای پستی در دسترس است موظف است نشانی و مشخصات خریدار و فروشنده را با تعیین زمان و دیگر اطلاعات لازم و امضای طرفین به این سازمان بفرستند. بعد از این، خریدار جدید هر وقت بخواهد می‌تواند نسخه‌ای از سند مالکیت خودرو را که یک برگ کاغذ است از آن سازمان درخواست کند. اگر چنین درخواستی نکند باز هم در بانک اطلاعات خودرو مشخص است که مالک خودرو کیست و در کجا زندگی می‌کند. این اطلاعات به ارتقای نظم شهر و امنیت شهروندان کمک شایانی می‌کند. مثلاً اگر خودرویی در جایی گم شود یا دزدیده شود و پلیس آن را بیابد، به سرعت و به راحتی می‌تواند آن را به صاحبش بازگرداند.

آنچه گفته شد بر اساس مدلی از امنیت اطلاعات بود که به مدل متد یا سی‌آی‌اِی (**CIA**) مشهور است. در تعریف امنیت از مدلهای دیگری نیز استفاده می‌شود که یکی از مشهورترین آنها مدل حاتا یا پین (**PAIN**) است. در این مدل به چهار مفهوم حریم خصوصی (**Privacy**)، احراز هویت (**Authentication**)، تمامیت (**Integrity**)، و انکارناپذیری (**Non-repudiability**) تأکید گردیده است. قبلاً در باب حریم خصوصی و تمامیت اطلاعات سخن گفتیم و اینک در باب احراز هویت و انکارناپذیری توضیحاتی می‌دهیم.

٤ـ٤ـ١ـ٤ احراز هویت

احراز هویت فرایندی است که در آن تعیین می‌کنیم شخصی یا چیزی در واقع همان است که اعلان می‌کند. معمولاً تعیین هویت یک کاربر بویژه اگر از راه دور به شبکه وصل شده باشد، کار دشواری است. احراز هویت فرایندی است که از طریق آن اطلاعات مربوط به کاربر ثبت و ضبط می‌شود تا اطمینان حاصل شود که این کاربر اصیل است یعنی همان فرد مورد نظر است. گاهی از احراز هویت در ارتباطات استفاده می‌کنند تا به گیرنده پیغام اطمینان دهند که فرستنده همان فرد مورد نظر است و پیغام

نیز همان است که او فرستاده و دستکاری نشده است. در دستگاههای رایانه‌ای از پروتکلها یا توافق‌نامه‌هایی استفاده می‌شود که بر مبنای رمزنگاری و استفاده از طرح کلید مخفی یا کلید عمومی پایه ریزی شده تا پیغامی رمز شده ایجاد کند که به عنوان امضای دیجیتالی به آن پیغام یا سند ضمیمه شود.

امضای دیجیتالی مشابه امضای روی اسناد است. امضای دیجیتالی نشان می‌دهد فردی که دستگاه، امضای او را احراز می‌کند در واقع همان فرد مورد نظر است، با این تفاوت که امضای دیجیتالی از امضای معمولی امنیت بیشتری دارد. همچنین اگر یک بار امضای دیجیتالی به تأیید صاحب آن برسد دیگر هیچ گاه نمی‌تواند آن را انکار کند و ادعا کند که امضا جعلی است. این امر را انکارناپذیری می‌نامند.

۵ـ۴ـ۱ـ۴ انکارناپذیری

انکارناپذیری عبارت است از اطمینان دادن به این که طرف مقابل هنگام نزاع نتواند اعتبار بیانیه یا قرارداد خود را رد کند یا باطل بیانگارد. در باب امنیت دیجیتال، این مفهوم عبارت است از این که الف) خدمتی که دلیل متقنی بر صحت و اصالت داده فراهم می‌آورد. ب) یک تأییدیه که با اطمینان بالایی بتواند اصالت خود را نشان دهد. این مفهوم نیز تا حدود زیادی مربوط به امضای دیجیتال و زیرساخت کلید عمومی است. کاربرد امضای دیجیتالی (**digital signature**) که یک مرجع گواهی (**CA = certification authority**) آن را صادر و تصدیق می‌کند روشی استاندارد برای احراز هویت در اینترنت است. (تصویر شماره ۱)

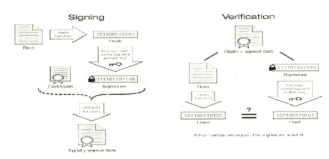

تصویر شماره ۱

مرجع گواهی خود بخشی از یک زیرساخت کلید عمومی (PKI = public
key infrastructure) است. زیر ساخت کلید عمومی کاربران را قادر می‌سازد تا
از طریق شبکه‌های عمومی ناامنی همچون اینترنت، با استفاده از یک جفت کلید
رمزنگاری عمومی و خصوصی که از یک مرجع معتمد و مطمئن (مرجع گواهی) اخذ
می‌شود، پول و اطلاعات خود را به طور محرمانه و امن، مبادله کنند. وقتی می‌خواهید
اطلاعاتی را به صورت محرمانه به فرد خاصی ارسال کنید، ابتدا با استفاده از کلید
عمومی آن فرد که در دسترس همگان است آن را رمزنگاری می‌کنید و برای او ارسال
می‌کنید. سپس او می‌تواند با استفاده از کلید خصوصی خود که گاهی بر روی یک قفل
سخت‌افزاری قابل اتصال به رایانه قرار دارد، آن اطلاعات را رمزگشایی کند و بخواند.
همین کار را فرستنده نامه نیز می‌تواند انجام دهد؛ یعنی او می‌تواند نامه را با کلید
خصوصی خود امضا کند و برای شما بفرستد. شما ابتدا باید با کلیدعمومی او که در
همه جا دسترس‌پذیر است امضای نامه او را تصدیق کنید. با این کار مطمئن می‌شوید
که فرستنده نامه همان کسی است که شما تصور می‌کنید، سپس با کلید خصوصی خود
آن نامه را بازگشایی می‌کنید و می‌خوانید. مفهوم احراز هویت با مفهوم محرمانگی که
قبلاً بیان گردید همخوانی دارد و می‌توان احراز هویت را بخشی از محرمانگی دانست.

گاهی برای احراز هویت در شبکه‌های رایانه‌ای همچون اینترنت از روشهای دیگری برای احراز هویت استفاده می‌کنند. این کار با بازرسی یک یا چند مورد از امور ذیل که مربوط به کاربر است صورت می‌گیرد:

نام کاربری (گاهی اسم مستعار)

کلمه رمز

گاهی برای احراز هویت در شبکه‌های رایانه‌ای همچون اینترنت از یک نام کاربری و یک کلمه رمز عبور استفاده می‌کنند. اشکال این نوع احراز هویت این است که احتمال به سرقت رفتن، تصادفاً آشکار شدن، و فراموش شدن آنها وجود دارد. به همین سبب در کارهایی چون تجارت الکترونیکی و بسیاری از مبادلات مالی دیگر سخت‌گیریهای شدیدتری اعمال می‌شود که به برخی از آنها اشاره می‌کنیم:

تصویر شبکیه چشم: کاربر درون یک دستگاه الکترونیکی نگاه می‌کند تا تصویر شبکیه چشم او را بگیرد سپس دستگاه این تصویر را با تصویری که قبلاً از کاربر گرفته بوده تطبیق می‌دهد و تأیید می‌کند که این کاربر همان کاربر اصلی و مورد نظر است.

اثر انگشت: کاربر با کشیدن انگشت سبابه خود بر روی دستگاه یک نسخه از تصویر آن را به دستگاه می‌دهد تا دستگاه آن را با تصویری که قبلاً در دستگاه ذخیره شده بود تطبیق دهد و تأیید کند که این کاربر همان کاربر اصلی است.

محل فیزیکی: شبکه مشخصاتی از دستگاه متقاضی ارتباط را بررسی می‌کند و آن را با اطلاعات قبلی که از آن دستگاه دارد تطبیق می‌دهد تا مطمئن شود که این دستگاه همان دستگاهی است که قبلاً مشخصات آن ثبت شده بود. این گزینه به تنهایی نمی‌تواند روشی کافی برای احراز هویت کاربر باشد.

کارتهای هویت: با این روش که به سرعت رو به گسترش است، از کارتهایی که حاوی مشخصات شناسایی کاربر است برای احراز هویت استفاده می‌شود. هرکس که حامل این کارت باشد می‌تواند به دستگاه دسترسی پیدا کند. این روش نیز به تنهایی

نمی‌تواند روشی کافی برای احراز هویت باشد، چون این کارت در اختیار هر کس قرار بگیرد می‌تواند به دستگاه دسترسی پیدا کند.

۲ـ۴ ابعاد و حوزه‌های امنیت در فضای سایبر

۱ـ۲ـ٤ مفاهیم کلیدی و اهداف رفتاری

- برای امنیت فیزیکی چهار راه کار وجود دارد: ۱- بازدارندگی: فضایی را ایجاد می‌کنند که وقتی مهاجمان بخواهند به دستگاه دسترسی پیدا کنند به رعب و وحشت بیفتند.۲- پیشگیری: سعی می‌کنند مانع بهره‌برداری مهاجمان شوند و آن را متوقف کنند.۳- شناسایی: به فرض دسترسی مهاجمان به دستگاه این راهکار موجب می‌شود که مهاجم را ببینند و شناسایی کنند. ٤- واکنش: در صورت ناموفق بودن سه راهکار اول واکنش مناسبی نشان دهد تا مانع دسترسی مجدد مهاجمان به دستگاه یا تخریب و صدمه زدن به آن شوند.
- برای جلوگیری از دسترسی مهاجمان به دستگاه می‌توان از موانع خارجی مانند حصارها، سیمهای خاردار، آجرهای دیواری، دزدگیرهای صدادار و... جهت حفاظت بهره برد و از اقدامات حفاظتی درونی مانند فایروال و کلمه رمز استفاده کرد.
- فایروالهای متغیر شامل سه الگو می‌باشند: پالایه‌های بسته‌ای، خادمان وکیل، معاینه متعین.
- رمزنگاری از طریق سه کارکرد صورت می‌گیرد: رمز کردن متقارن، رمز کردن نامتقارن، تابع درهم ساز.

در پایان این بخش انتظار می‌رود:

- چهار بعد از امنیت فضای تبادل اطلاعات را شرح دهید.
- موانع خارجی و داخلی را بشناسید.
- اقدامات حفاظتی داخلی را بیان کنید.
- سه الگوی فایروال متغیر را شرح دهید.
- امنیت اطلاعات را توضیح دهید و سه کارکرد را برای رمزنگاری بشناسید.
- امنیت زیر ساختهای ارتباطاتی را توضیح دهید.
- امنیت فرهنگی- اجتماعی را شرح دهید.

۲ـ۲ـ٤ امنیت فیزیکی

امنیت فضای تبادل اطلاعات ابعاد گوناگونی دارد. در اینجا به چهار بُعد امنیت فیزیکی، امنیت اطلاعات، امنیت زیرساختهای ارتباطاتی، و امنیت فرهنگی-اجتماعی می‌پردازیم:

یک دستگاه رایانه‌ای وقتی امنیت فیزیکی (**Physical security**) دارد که با موانعی چون حصار یا دیوار چنان از خارج و داخل محفوظ باشد که بتواند در برابر نفوذ مهاجمان و متجاوزان مقاومت کند. اگر چهار راه‌کار ذیل برقرار باشند امنیت فیزیکی قابل تضمین است.

بازدارندگی (**deterrence**): این اولین گام برای دفاع در برابر مهاجمانی است که بخواهند به دستگاه دسترسی پیدا کنند. در این راه‌کار سعی می‌شود فضایی ایجاد شود که مهاجمان را چنان به هراس و وحشت اندازد که از قصد خود منصرف شوند.

پیشگیری (**prevention**): دومین گام برای دفاع عبارت است از اتخاذ راه‌کارهای پیشگیری. در اینجا می‌کوشند کاری کنند که مهاجمان را از بهره‌برداری از دسترسی به دست آمده بازدارند و متوقف سازند.

شناسایی (detection): راه‌کار دفاعی سوم این است که در فرضی که مهاجمان موفق شوند به دستگاه دسترسی پیدا کنند یا در حال باشند، بکوشند تا مهاجمان را ببینند و شناسایی کنند.

واکنش (response): این یک راه‌کار بعد از وقوع تهاجم است. در این راه‌کار سعی می‌شود واکنش مناسبی با توجه به ناکامی سه راه‌کار قبل اتخاذ گردد. در اینجا از دسترسی مجدد به دستگاه یا تخریب یا صدمه به آن جلوگیری می‌کنند. این کار می‌تواند با اتخاذ تدابیری همچون دستگیری مهاجمان یا فعالیتهای نجات پس از بلایای طبیعی صورت پذیرد.

موانع خارجی می‌توانند حصارها و موانعی باشند که از سیمهای خاردار، آجرهای دیواری، درختان طبیعی، دزدگیرهای صدادار یا حسگرهای لرزشی، تلویزیونهای مدار بسته (CCTV)، حسگرهای درون زمینی زلزله، دستگاههای دارای چشم الکتریکی یا مایکروویو تشکیل شده باشند. محیط اطراف دستگاه رایانه‌ای را می‌توان با قفل و کلید، زنگهای خطر شکست شیشه، اشعه مادون قرمز و فرا صوتی، دستگاههای مایکروویو داخلی، کارت‌خوانهای کنترل دسترسی، فایروالها (مجموعه اقدامات همگرا برای جلوگیری از دسترسی غیرمجاز به شبکه‌های رایانه‌ای)، محلهای بازرسی انسانی و حیوانی و نگهبانان حفاظت فیزیکی و حیوانات تربیت یافته حفاظت کرد. از جمله اقدامات حفاظتی داخلی که مهمترین اقدام نیز به شمار می‌روند فایروال و کلمه رمز عبور است که اینک به توضیح آنها می‌پردازیم:

۱ـ۲ـ۲ـ٤ فایروال

فایروال (firewall) ‌ـ‌دیوار آتش‌ـ یک نوع سخت‌افزار یا نرم‌افزار است که برای جداسازی نواحی حساس یک دستگاه حاوی نظام اطلاعاتی، از دنیای خارج، طراحی شده و صدمات بالقوه‌ای مهاجمان مغرض را محدود می‌سازد. چون فایروالها وابسته به نظام حملاتی است که مدیران پیش‌بینی کرده‌اند، هیچ معیار دقیقی برای ساختار آنها

(فایروالها) وجود ندارد. در عین حال بیشتر فایروالها متغیرهایی از سه الگوی ذیل‌اند: پالایه‌های بسته‌ای، خادمان وکیل، معاینه متعین.

پالایه‌های بسته‌ای (**Packet Filters**): این پالایه‌ها (فیلترها) دارای سطوح بسته‌ای است یعنی درون آنها دروازه‌هایی قرار دارد که به بسته‌هایی دارای حداقل شرایط تعریف شده، امکان گذر از آنها را می‌دهند اما از عبور بسته‌های فاقد آن شرائط جلوگیری می‌کنند. این حداقل شرایط می‌تواند مبدأ مجاز یا نشانی مقصد بسته‌ها را آن گونه که مدیر شبکه تعیین کرده است، شامل شود. این پالایه‌ها می‌توانند بسته‌هایی را که دارای شماره‌های خاصی از قرارنامه کنترل ارتباطات و اطلاعات (**TCP/IP**) هستند طراحی و مسدود کنند. البته پالایه‌های بسته‌ای این نقیصه را دارند که نمی‌توانند بسته‌هایی را که ویژگی‌های مجاز دارند ولی حاوی مقاصد غرض‌آلودند پالایش یا متوقف کنند.

خادمان وکیل (**proxy servers**): اساس کار آنها بر نواحی حفاظت شده در شبکه است که معمولاً اطلاعاتی را برای کاربران بیرونی که می‌خواهند به آن نواحی شبکه وصل شوند، فراهم می‌کند. این بدان معنا است که این فایروال رایانه‌های موکّل را از دسترسی مستقیم به اینترنت حفاظت و حمایت می‌کند. یعنی رایانه‌های موکّل تقاضای خود را برای اتصال به اینترنت از طریق این خادم وکیل به انجام می‌رسانند. اگر تقاضای موکّل منفرد با شرایط از پیش تعیین شده تطبیق کند آن گاه فایروال تقاضا را به انجام می‌رساند وگرنه آن را کنار می‌گذارد. این فایروالها نیازمند طراحی و تنظیم تخصصی و دقیق از سوی خادم وکیل و مخدوم موکّل هستند. این طراحی نیز به نوبه خود بستگی به نرم‌افزارهای کاربردی دارد.

معاینه متعین (**stateful inspection**): این فایروالها عملگرهای پالایه (فیلتر) و وکالت (پروکسی) را با هم ترکیب می‌کنند. به همین جهت آنها را پیچیده و پیشرفته‌تر می‌دانند. شرایط برای یک معاینه متعین نیز مانند پالایه‌ها، بر اساس مجموعه‌ای از قواعد، شکل گرفته‌اند. اما این قواعد، بر خلاف پالایه‌ها، بر اساس قرارنامه کنترل

ارتباطات و اطلاعات (TCP/IP) نیستند بلکه بر پایه نرم‌افزارهای کاربردی چون خادمان وکیل شکل گرفته‌اند. آنها بسته‌ها را به وسیله مقایسه داده‌هایشان با بسته‌های بایگانی قبلاً تأیید شده پالایش می‌کنند.

۱ـ۲ـ۲ـ۴ کلمه رمز

کلمه رمز (password) یک عبارت شش تا هشت حرفی یا بیشتر است که دارای محدودیت در طول و حرف آغازین است، تا به کاربر اجازه دسترسی را به دستگاههای دارای اطلاعات که معمولاً یک رایانه است بدهد. امنیت حاصل از کلمه رمز به رعایت این چهار قاعده اصلی از سوی صاحب کلمه رمز بستگی دارد که با کلمه «هرگز» شروع می‌شود:

هرگز کلمه رمز را تبلیغ نکن.

هرگز کلمه رمز را در جایی ننویس.

هرگز کلمه رمزی را که حدس آن آسان است انتخاب نکن.

هرگز کلمه رمز واحدی را برای مدتی طولانی نگه ندار. (چند گاهی آن را تعویض کن)

امنیت از طریق کلمه رمز نه تنها برای افرادی که پرونده آنها در دستگاه نگهداری می‌شود مهم است بلکه برای آن دستگاه و نظام اطلاعاتی به طور کلی نیز حیاتی است، چون وقتی یک مهاجم به یک کلمه رمز دسترسی پیدا کند، در حقیقت به کل دستگاه و نظام اطلاعاتی دسترسی پیدا کرده است. در این حال فرد مهاجم می‌تواند تمام فایلهای دستگاه را در معرض آسیب قرار دهد. بنابر این امنیت دستگاه و نظام اطلاعاتی مسئولیتی برای تک‌تک کاربران آن نظام است.

۳ـ۲ـ۴ امنیت اطلاعات

قبلاً بیان کردیم که امنیت اطلاعات شامل سه رکن اصلی است که عبارت بودند از:

تمامیت، محرمانگی و دسترسی این سه رکن در مورد اطلاعات در سطح خادمان، که شامل اطلاعات درون فایلها و بانکهای اطلاعاتی و نیز انتقال اطلاعات بین خادمان و بین خادمان و مخدومان طرح می‌شود. امنیت اطلاعات می‌تواند به انحای گوناگونی قابل حصول باشد و از آن اطمینان حاصل گردد. رایج‌ترین شکلهای آن به دو صورت محقق می‌گردد یکی رمزنگاری برای انتقال اطلاعات و دیگری احراز هویت و ردّ ممیزی (**audit trails**) در خادمان مبدأ اطلاعات و مقصد اطلاعات است. ما قبلاً در باره احراز هویت سخن گفتیم. در اینجا به بحث درباره رمزنگاری می‌پردازیم. رمزنگاری که همان دانش نگارش و خوانش پیغامهای رمز است، بنیان همه انتقالات اطلاعات مطمئن را شکل می‌دهد. این کار از طریق سه کارکرد صورت می‌گیرد. رمز کردن متقارن (**Symmetric encryption**) و رمز کردن نامتقارن (**Asymmetric encryption**) و تابع درهم‌سازی (**hashing function**).

۱ـ۳ـ۲ـ٤ رمز نگاری

رمز نگاری(**encryption**) روشی است برای حفاظت کانالهای ارتباطی در برابر برنامه‌های جاسوسی و استراق سمع در مبادلات شبکه. این برنامه‌ها به آسانی نوشته و نصب می‌شوند و شناسایی آنها دشوار است. رمزنگاری با استفاده از یک الگوریتم رمز کردن و کلید آن برای تبدیل متن ساده به متن رمز شده در مبدأ که غالباً صورتی نامفهوم دارد و در نهایت بازیابی آن در مقصد صورت می‌پذیرد. الگوریتم رمز کردن می‌تواند به صورتی متقارن یا نامتقارن باشد.

رمز کردن متقارن یا رمز کردن با کلید مخفی، از یک کلید مشترک و الگوریتم رمزنگاری یکسان برای به‌هم ریختن و سپس باز مرتب کردن پیغامها بهره می‌برد. (شکل ذیل) امنیت داده‌های انتقال یافته به این واقعیت وابسته است که جاسوسان که کلید رمزگشایی را در اختیار ندارند، قادر نیستند آن پیغام را بخوانند. یکی از

اشکالات رمز کردن متقارن ایـن اسـت کـه کلیـدهای رمزگشایی بایـد از سـوی فرستنده پیغام به دریافت کننده تحویل گردد و این امر امنیت پیغامها را بـه خطـر می‌اندازد. چون ممکن است در بین راه جاسوسان نیز به آن کلید دسترسی پیدا کنند.

متن ساده ⇐ قفل‌گشایی ⇐ متن رمز شده ⇐ قفل گذاری ⇐ متن ساده

در روش رمز کردن نامتقارن (رمز کردن با کلید عمومی) ، از دو کلید متفاوت استفاده می‌شود، یک کلید عمومی که همه آن را می‌دانند، و یک کلید خصوصی که تنها فرستنده و گیرنده از آن خبر دارند. هم فرستنده و هم گیرنده یک جفت از این کلیدها را دارند، یکی عمومی و دیگری خصوصی است. برای رمز کردن یک پیغام، از سوی فرد الف به سوی فرد ب، فرد الف و فرد ب هر دو باید یک جفت کلید خود را داشته باشند. آن گاه فرد الف و فرد ب کلید عمومی خود را مبادله می‌کنند طوری که هر کس دیگری نیز می‌تواند آن دو کلید عمومی را داشته باشد. وقتی الف می‌خواهد پیغامی را برای ب بفرستد، ابتدا الف آن پیغام را با کلید عمومی ب رمز می‌کند. آن گاه ب کلید خصوصی خود را به کار می‌برد تا پیغام را رمزگشایی کند. چون کلید خصوصی ب تنها دست خود ب است فرد دیگری نمی‌تواند پیغام را بخواند.

تابع درهم‌سازی (hashing function) این تابع پیغام ورودی را دریافت می‌کند و از آن یک رمز می‌سازد. این رمز معمولاً به صورت یک پیغام عددی یا یک تابع درهم ریخته است. یکی از روشهای درهم ریزی این است که یک امضای دیجیتالی بر روی پیغام قرار می‌دهد مثل یک اثر انگشت انسانی. از تابع درهم ریزی برای تمامیت پیغام و احراز هویت فرستنده پیغام استفاده می‌شود.

٤-٢-٤ امنیت زیر ساختهای ارتباطاتی

امنیت زیرساخت امنیتی است مربوط به زیرساختهای کشور به خصوص زیرساختهای حیاتی چون: فرودگاهها، بزرگراهها، ریلهای راه‌آهن، بیمارستانها، پلها، شبکه‌های ارتباطاتی، رسانه‌ها، شبکه برق، سدها، راکتورهای اتمی، بندرها، پالایشگاه‌های نفت و شبکه آبرسانی. امنیت زیرساخت در صدد است تا آسیب‌پذیری آنها را در برابر خرابکاری، تروریسم، آلودگی، جنگ الکترونیکی و بلایای طبیعی کاهش دهد.

امنیت زیرساختهای ارتباطاتی (**Infrastructure security**) آن مواردی از امنیت زیرساخت هستند که به شبکه‌های ارتباطاتی مربوط می‌شوند. امنیت زیرساختهای ارتباطاتی مواردی چون شبکه‌های تلفن ثابت و همراه، شبکه فیبر نوری، شبکه‌های ماهواره‌ای، شبکه‌های بی‌سیم، شبکه‌های ارتباطات رایانه‌ای را شامل می‌شود؛ شبکه اینترنت و شبکه‌های برق رایانه‌ها نیز بخشی از همین شبکه‌ها هستند. شبکه‌های رادیویی و تلویزیونی نیز بخشی از زیرساختهای ارتباطاتی را تشکیل می‌دهند.

امنیت زیرساختهای ارتباطاتی به وسیله خرابکاری خطوط تلفن ثابت و همراه و فیبر نوری، تروریسم سایبر، قطع برق، جنگ الکترونیکی و بلایای طبیعی در معرض خطر قرار می‌گیرد.

گفته شده که درآمد جهانی صنایع ارتباطاتی در سال ۲۰۰٦ بالغ بر ۱/۲ تریلیون دلار بوده است. با توجه به درآمد بسیار بالایی که زیرساختهای ارتباطاتی ایجاد می‌کنند، انگیزه‌های شوم و پرخطر برای تخریب و صدمه زدن به آنها نیز رو به افزایش است. از این جهت حفظ امنیت این زیرساختها در سطح سازمانی، ملی و بین‌المللی اهمیت بسیار زیادی دارد.

مسائل امنیت شبکه را می‌توان در سه دسته جای داد: عملیات، مرتکبان و طرف هدف. حوزه عملیات، سرقت یا افشای اطلاعات، اختلال اطلاعات، دسترسی غیرمجاز، جاسوسی و سرقت هویت را شامل می‌شود

حوزه مرتکبان، تخریبگران (هکرها)، مجرمان فضای سایبر، جنگ‌طلبان فضای سایبر و تروریستهای فضای سایبر را در برمی‌گیرد.

حوزه هدف افراد بسیاری را شامل می‌شود از جمله: افراد حقیقی، بخش خصوصی، نهادهای مدنی، بخش زیرساخت، دولتها و منابع نظامی.

۴-۲-۵ امنیت فرهنگی- اجتماعی

امنیت فرهنگی-اجتماعی (**socio-cultural security**) یکی دیگر از ابعاد امنیتی در فناوری اطلاعات و ارتباطات است. از بعد فرهنگی، هر کشوری دارای فرهنگی خاص خود است که از سوی فرهنگهای بیگانه مورد تهاجم قرار می‌گیرد. به این معنا که مبادلات فرهنگی فرصتها و چالشهایی را برای هر دو فرهنگ ایجاد می‌کند. آشنایی اهالی هر فرهنگ با فرهنگی بیگانه آنها را با سبکهای جدیدی از زندگی روبرو می‌کند. فرهنگهای غنی از این آشنایی همچون فرصتی بهره‌مند می‌شوند و ضمن برخورداری از مزایای فرهنگ بیگانه، از چالشها و مشکلات آن نیز پرهیز می‌کنند. اما فرهنگهای ضعیف ضمن واسپاری خود به فرهنگ بیگانه، در آن منحل شده و مضمحل می‌شوند. این اضمحلال فرهنگهای کوچک و ضعیف، در فضای انگلیسی شده شبکه‌ای در حال رشد به وسیله اینترنت چنان خطری برای خرده فرهنگهای جهانی محسوب گردیده است که در اعلامیه جهانی سران در سال ۲۰۰۳ در ژنو تکثر فرهنگی به عنوان اصلی برای دنیای شبکه‌ای مطرح گردید.

سران جهان با اعلان این اصل در صدد برآمدند تا از اضمحلال فرهنگهای متنوع جلوگیری کنند و تکثر و تنوع فرهنگی را یک ارزش جهانی تلقی نمایند. از این رو کشورهای مختلف بسته به فرهنگ خود از سیاستهای متفاوتی در پالایش و دسترسی آزاد به اطلاعات استفاده می‌کنند. ارزش دسترسی آزاد به اطلاعات به عنوان یکی از حقوق شهروندی، در برابر ارزش حفاظت از فرهنگ ملی و محلی به وسیله کنترل

دولتی محتوا نیازمند یک نقطه تعادل است. در صورتی که بتوانیم این نقطه تعادل را به درستی تعریف کنیم و سیاستها، معیارها و رویه‌های عملی آن دو ارزش را به درستی تدوین کنیم، می‌توانیم امیدوار باشیم که به این نقطه تعادل دست یافته‌ایم. بحث درباره ارزش دسترسی آزاد به اطلاعات در برابر ارزش پالایش اطلاعات نیازمند فرصتی دیگر است که در بحثهای بعد بدان خواهیم پرداخت.

از بعد اجتماعی، بسیاری از جرمها و جنایات با ابزارهای جدید ارتباطاتی وقوع یافته‌اند؛ همان طور که نیروهای امنیتی و پلیس هم با ابزارهای جدیدی برای مهار جرم و جنایت مسلح شده‌اند. همچنین جامعه جهانی در صدد است تا با استفاده از فرصتهای جدید در فضای دیجیتالی و شبکه جهانی، اطلاعات مورد نیاز را برای همه آحاد بشر فراهم آورد. فقرزدایی از جهان یکی از اهداف جامعه اطلاعاتی شمرده شده است و در این راه بستر اینترنت ابزاری مفید برای دستیابی فقرا به اطلاعاتی است که قبلاً برایشان میسور نبوده است. گذار از شکاف دیجیتالی موجبات توسعه امنیت اجتماعی را در سطح محلی، ملی و بین‌المللی فراهم خواهد آورد.

همچنین امنیت فضای سایبر دارای سطوح ملی، منطقه‌ای و جهانی است. از این نظر اقدامات لازم برای تدارک امنیت باید در همه سطوح محقق شود. در سطح ملی نیازمند تدوین قوانین و مقررات لازم هستیم. همچنین یک نهاد ملی باید مسئولیت عملی امنیت ملی فضای سایبر را بر عهده بگیرد. در سطح بین‌المللی نیز نیازمند رصد پروتکلهای بین‌المللی و همکاری با سازمانهای منطقه‌ای و بین‌المللی هستیم.

۳ـ۴ امنیت در اسلام

۱ـ۳ـ٤ مفاهیم کلیدی و اهداف رفتاری

- سه ویژگی که در سوره نحل برای آبادی سرزمین ذکر شده عبارت است از: امنیت، اطمینان به ادامه زندگی، جلب روزی و مواد غذایی فراوان.

- اسلام در کنار کار و تلاش، توکل بر خدا را، برای دستیابی به آرامش ضروری می‌داند.
- در کنار تدابیر انسانی، تقوای الهی و خداترسی، و یاد خدا موجب امنیت می‌شود.

در پایان این بخش انتظار می‌رود:

- به ارزش امنیت در اسلام از طریق آیات و روایات پی‌ببرید.
- امور ارزشی و احکام اخلاقی را در سه رکن اساسی موجود در امنیت اطلاعات و امنیت رایانه بشناسید
- هدف امنیت را از دیدگاه قرآن شرح دهید.

۲ـ۳ـ٤ ارزش امنیت در اسلام

یکی از وظایف اصلی حاکمان در هر حکومتی ایجاد امنیت است. حضرت امیر﷣ در ضرورت ایجاد امنیت در حکومت تأکید می‌کند که مردم نیازمند حاکمند تا امنیت ایجاد کند خواه حاکم نیکوکار باشد یا بدکار. حضرت در پاسخ خوارج که گفتند حکم تنها از آن خداوند است و با این شعار از فرمانبرداری امیر خود سرباز زدند، فرمودند:

كَلِمَةُ حَقٍّ يُرَادُ بِهَا بَاطِلٌ نَعَمْ إِنَّهُ لَا حُكْمَ إِلَّا لِلَّهِ وَ لَكِنَّ هَؤُلَاءِ يَقُولُونَ لَا إِمْرَةَ إِلَّا لِلَّهِ وَ إِنَّهُ لَا بُدَّ لِلنَّاسِ مِنْ أَمِيرٍ بَرٍّ أَوْ فَاجِرٍ يَعْمَلُ فِي إِمْرَتِهِ الْمُؤْمِنُ وَ يَسْتَمْتِعُ فِيهَا الْكَافِرُ وَ يُبَلِّغُ اللَّهُ فِيهَا الْأَجَلَ وَ يُجْمَعُ بِهِ الْفَيْءُ وَ يُقَاتَلُ بِهِ الْعَدُوُّ وَ تَأْمَنُ بِهِ السُّبُلُ وَ يُؤْخَذُ بِهِ لِلضَّعِيفِ مِنَ الْقَوِيِّ حَتَّى يَسْتَرِيحَ بَرٌّ وَ يُسْتَرَاحَ مِنْ فَاجِرٍ – (نهج البلاغه، خطبه ۴۰)

«سخنی است حقّ که بدان باطلی را خواهند. آری حکم، جز از آن خدا

نیست، لیکن اینان گویند فرمانروایی را، جز خدا روا نیست، حالی که
مردم را حاکمی باید نیکو کردار یا تبه‌کار، تا در حکومت او مرد با ایمان
کار خویش کند، و کافر بهره خود برد، تا آن گاه که وعده حقّ سر رسد و
مدت هر دو در رسد. در سایه حکومت او مال دیوانی (مالیات) را فراهم
آورند با دشمنان پیکار کنند، و راهها را ایمن سازند، و به نیروی او حقّ
ناتوان را از توانا بستانند، تا نیکو کردار روز به آسودگی به شب رساند، و
از گزند تبه کار در امان ماند. (ترجمه شهیدی، ص ۳۹)

از این کلام حضرت نکات متعددی استفاده می‌شود. یکی این که وجود و حضور
حاکمیت خود یک لطف و خیر است (حتی اگر حاکم تبهکار باشد) که انسانها را از
هرج و مرج و بی‌سروری (آنارشیسم) می‌رهاند. در استدلال بر این امر حضرت می‌فرماید: در
سایه حضور یک حاکم، امنیت حاصل می‌شود؛ امنیت داخلی طوری حاصل می شود که
راهها ایمن می‌شود و راهزنان فرصت و مجالی نمی‌یابند، امنیت خارجی هم به گونه‌ای تأمین
می‌شود که مردم تحت حاکمیت یک حاکم در مقابل دشمنان خارجی بسیج می‌شوند، حقوق
ضعفا در برابر زورگویان محفوظ می‌ماند، امکان تأمین منابع مالی برای حفظ نظام حاصل
می‌گردد، و از این امنیت مؤمنان و کافران بهره‌مند خواهند شد.

نکته دیگری که می‌توان از این عبارات استفاده کرد این است که امنیت ارزشی
والاتر از پیش‌گیری از فجور و تبهکاری دارد. همچنین استفاده می‌شود کافران (غیر
حربی) مشمول حکم تأمین امنیت از سوی حاکم هستند یعنی حاکم اسلامی وظیفه دارد حتی
برای کافران (غیر حربی) هم که در اجتماع مسلمانان زندگی می‌کنند امنیت فراهم کند. این
حکم به طریق اولی شامل حال فاسقان و فاجران، هم می‌شود به شرط آن که مزاحمتی برای
دیگران ایجاد نکنند (و مطابق ادله دیگر، موجب شیوع آن نگردند یعنی فسق و فجور آنها
علنی نباشد، در صحنه‌های اجتماعی روی ندهد و برای آن تبلیغ و بازاریابی نکنند).

در قرآن کریم به منطقه آبادی مثل زده شده که در نهایت امنیت قرار داشته و

ساکنانش با اطمینان در آن زندگی می‌کردند و انواع روزی‌های مورد نیازشان به وفور از هر مکانی به سوی آنها سرازیر بود. این آیه این سه ویژگی (امنیت، اطمینان و روزی فراوان) را به عنوان نعمتهای الهی برای اهالی این قریه برشمرده است. اما آنها به این نعمتها کفران ورزیدند و خداوند به دلیل کارهای ناشایستی که کردند، امنیت آنها را به خوف و هراس و ناامنی، و روزی فراوان آنها را به قحطی و گرسنگی تبدیل کرد.

وَ ضَرَبَ اللَّهُ مَثَلاً قَرْيَةً كانَتْ آمِنَةً مُطْمَئِنَّةً يَأْتِيها رِزْقُها رَغَداً مِنْ كُلِّ مَكانٍ فَكَفَرَتْ بِأَنْعُمِ اللَّهِ فَأَذاقَهَا اللَّهُ لِباسَ الْجُوعِ وَ الْخَوْفِ بِما كانُوا يَصْنَعُونَ (النحل، ۱۱۲)

در تفسیر این آیه آمده است:

«در آیات فوق برای این منطقه آباد، سعادتمند و پر برکت، سه ویژگی ذکر شده است که نخستین آنها امنیت، سپس اطمینان به ادامه زندگی در آن، و بعد از آن مساله جلب روزی و مواد غذایی فراوان است که از نظر ترتیب طبیعی به همان شکل که در آیه آمده صورت حلقه‌های زنجیری علت و معلول دارد، چرا که تا امنیت نباشد کسی اطمینان به ادامه زندگی در محلی پیدا نمی‌کند، و تا این دو نباشند کسی علاقه‌مند به تولید و سر و سامان دادن به وضع اقتصادی نمی‌شود. و این درسی است برای همه ما و همه کسانی که می‌خواهند سرزمینی آباد و آزاد و مستقل داشته باشند، باید قبل از هر چیز به مساله" امنیت" پرداخت، سپس مردم را به آینده خود در آن منطقه امیدوار ساخت، و به دنبال آن چرخهای اقتصادی را به حرکت در آورد.» (تفسیر نمونه، ج ۱۱، ص ۴۳۳)

زمانی که حضرت یعقوب برای دیدار فرزند خود به مصر آمد حضرت یوسف به او و برادرانش خطاب کرد و گفت به مصر داخل شوید که در امنیت هستید.

فَلَمَّا دَخَلُوا عَلى يُوسُفَ آوى إِلَيْهِ أَبَوَيْهِ وَ قالَ ادْخُلُوا مِصْرَ إِنْ شاءَ اللَّهُ آمِنِينَ (یوسف، ۱۰۰)

هنگامی که بر یوسف وارد شدند او پدر و مادر خود را در آغوش گرفت و گفت همگی داخل مصر شوید که انشاء اللّه در امن و امان خواهید بود.

کلمه «آمنین» جمع کلمه «آمن» به معنای ایمن و در امنیت است. «یوسف از میان تمام مواهب و نعمتهای مصر، انگشت روی مساله «امنیت» گذاشت و به پدر و مادر و برادران گفت: وارد مصر شوید که انشاء اللّه در امنیت خواهید بود و این نشان می‌دهد که نعمت امنیت ریشه همه نعمتها است، و حقاً چنین است زیرا هر گاه امنیت از میان برود، سایر مسائل رفاهی و مواهب مادی و معنوی نیز به خطر خواهد افتاد. در یک محیط ناامن، نه اطاعت خدا مقدور است و نه زندگی توام با سربلندی و آسودگی فکر، و نه تلاش و کوشش و جهاد برای پیشبرد هدفهای اجتماعی. این جمله ممکن است ضمناً اشاره به این نکته باشد که یوسف می‌خواهد بگوید سرزمین مصر در حکومت من آن سرزمین فراعنه دیروز نیست، آن خودکامگی‌ها، جنایت‌ها، استثمارها، خفقانها و شکنجه‌ها همه از میان رفته است، محیطی است کاملاً امن و امان.» (تفسیر نمونه، ج ۱۰، ص ۸۴)

۳ـ۳ـ٤ ارزش امنیت اطلاعات و امنیت رایانه

در مباحث پیشین بیان شد که امنیت اطلاعات دارای سه رکن اساسی است: محرمانگی ، تمامیت ، و دسترسی. اینک یک به یک به بیان مسائل و احکام اخلاقی این سه رکن می‌پردازیم.

محرمانگی: قبلاً در بحث از حریم خصوصی از احکام محرمانگی و راز سخن گفتیم. حفظ اسرار شخصی خود شامل امور قبیح و عادی هر دو می‌شود. لازم نیست اسرار ما و آنچه مخفی نگه می‌داریم امری زشت از تاریخچه زندگی‌مان باشد، بلکه امور عادی دیگر همچون مخفی نگه داشتن نامه‌های شخصی و حریم داخل خانه نیز بخشی از امور محرمانه ماست. همان طور که سرک کشیدن به خانه همسایه و خواندن نامه دیگران بدون اجازه از نظر اخلاقی خطاست، سرک کشیدن برای فهمیدن رمز عبور

کارت اعتباری دیگران و پست الکترونیک آنها، بازبینی و بازخوانی بانک اطلاعات حسابهای بانکی، پرونده‌های پزشکی و تحصیلی، اسناد کیفری و مانند آن که مربوط به اشخاص حقیقی و حقوقی است، بدون مجوز مراجع قضایی، خطا و ناشایست است.

تمامیت: در روایاتی آمده است که خداوند دوست دارد که چون فردی از شما کاری انجام دهد آن کار را درست و تمام و متقن انجام دهد. از این روایات می‌توان به ارزشمندی «تمامیت» در اسلام استدلال کرد:

قَالَ إِذَا عَمِلَ أَحَدُكُمْ عَمَلًا فَلْيُتْقِنْ (الکافی، ج ۳، ص ۲۶۳)

روایت صحیحی از امام صادق(ع) از پیامبر اکرم(ص) نقل می‌کند که چون فردی از شما کاری انجام دهد باید آن را کامل و متقن انجام دهد.

و نیز

إِنَّ اللهَ تَعالی یُحِبُّ إذا عَمِلَ أَحَدُکُمْ عَمَلاً أَنْ یُتْقِنَهُ (نهج الفصاحه، ص ۳۰۶، شماره ۷۴۶)

حضرت رسول صلّی الله علیه و آله فرمودند: همانا خداوند دوست می‌دارد چون کسی از شما کاری انجام دهد آن را با اتقان و تمام و کمال انجام دهد.

دسترسی: در کتاب شریف کافی بابی آمده است در باره لزوم حفظ مال و کراهت ضایع کردن مال. در یکی از این روایات استدلال به آیه‌ای از قرآن شده که نباید مال خود را به دست نابخردان بسپاری (چون مالت را از بین می‌برند).

وَ لا تُؤْتُوا السُّفَهاءَ أَمْوالَكُمُ الَّتِی جَعَلَ اللَّهُ لَكُمْ قِیاماً (النساء، ۵)

اموال خویش را که خداوند وسیله قوام زندگیتان قرارداده، به دست سفیهان ندهید.

همچنین در روایات دیگری آمده که خدا از خراب کردن مال نهی کرده است و آن را مبغوض می‌دارد.

إنّ اللّه یُبْغِضُ الْقِیلَ وَ الْقَالَ وَ کَثْرَةَ السُّؤَالِ وَ إِضَاعَةَ الْمَالِ (الکافی، ج ۵، ص ۳۰۱)

خداوند قیل و قال کردن، زیاد سؤال کردن و خراب کردن مال را دشمن می‌دارد.

و نیز در روایتی از امام صادق(علیه السلام) تضییع مال با خیانت در مال یکی دانسته شده است

مَا أُبَالِي ائْتَمَنْتُ خَائِناً أَوْ مُضَيِّعاً (الکافی، ج ۵، صص ۲۹۹-۳۰۰)

نزد من فرقی نیست بین این که به خائنی اعتماد کنم یا به آن کسی که (مال خویش) ضایع می‌کند.

از این روایات می‌توان استفاده کرد که لازم است دسترسی فیزیکی به رایانه‌ها را برای کسانی که امنیت رایانه‌ها را به مخاطره می‌اندازند، محدود کرد. این امر شامل دسترسی به اطلاعات نیز می‌شود چون روشن است که اطلاعات نیز مانند خود رایانه بخشی از اموال محسوب می‌شود. سازکار محدودسازی دسترسی به اطلاعات رایانه‌ای شامل سازکارهای سخت‌افزاری و سازوکارهای سیستم عامل و نرم‌افزاری می‌شود. مطابق این روایات بهره‌مندی از این روشها برای محدودسازی دسترسی به رایانه‌ها و اطلاعات درون آنها به وسیله این راه‌کارها امری ارزشمند بلکه به لحاظ اخلاقی الزامی است. چون با این کارها از تضییع و خرابی مال پیشگیری می‌شود.از روایات فوق استفاده می‌شود که باید دسترسی به رایانه‌ها و اطلاعات آن را محدود کرد تا مانع تضییع و خرابی آنها شویم.

در عین حال، دسترسی بالا که لازمه خدمت‌رسانی فراگیر و تمام وقت به کاربران حقیقی است ممکن است از روایتی که در کتاب تهذیب آمده است استفاده شود. در این روایات خدمت به مردم نشانه سروری شمرده شده است. از این روایت می‌توان استفاده کرد که یکی از ویژگی‌های یک دولت حاکم این است که به مردم خود خدمت کند و هر چه این خدمت بیشتر، عامتر و شاملتر باشد خیر آن بیشتر است.

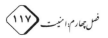

سَیِّدُ الْقَوْمِ خَادِمُهُم (مکارم الاخلاق، ص ۲۵۱)

٤-٣-٤ هدف امنیت: اطمینان قلبی و سکینه الهی

باید توجه داشت که افراد هر قدر هم ابزارهای امنیتی گسترده و کارآمدی به کار بندند و همه توصیه‌های ایمنی را رعایت کنند - که باید رعایت کنند- باز هم ممکن است این امنیت به آرامش و سکینه و اطمینان قلبی نیانجامد. انسان با اتکا به خود و تدابیر خود همواره پریشان و مضطرب است و به آرامش نمی‌رسد. از دیدگاه اسلام تنها امری که موجب این اطمینان و آرامش می‌شود یاد خداوند متعال است.

«الَّذینَ آمَنُوا وَ تَطْمَئِنُّ قُلُوبُهُمْ بِذِکْرِ اللَّهِ أَلا بِذِکْرِ اللَّهِ تَطْمَئِنُّ الْقُلُوب»
(الرعد، ۲۳)

هدف از تأمین امنیت رسیدن به آرامش دل است. و این آرامش بدون یاد خدا حاصل نمی‌گردد. از این رو است که بشر دنیای متجدد دائماً در تب و تاب است و هر چه پیشتر و بیشتر می‌رود باز آرام و قرار نمی‌یابد. این نقطه کانونی، فرق بین سبک زندگی اسلامی و سبک زندگی دنیای متجدد غربی است. تدابیر انسانی امنیتی جز با نام و یاد خدا تکمیل و تتمیم نمی‌گردد. همچنین باید دانست که خوف و نگرانی انسان باید از خدا باشد همان طور که امیدواری نیز تنها باید به او باشد. در روایتی از امام صادق(علیه السلام) آمده است: هر کس از خدا بترسد خدا همه را از او می‌ترساند و هر کس از خدا نترسد خدا او را از همه چیز هراسان می‌کند.

در روایت دیگری از قول ایشان آمده است که حضرت لقمان(علیه السلام) به پسرش فرموده است: از خدا چنان بترس که اگر نیکی جنّ و انس را برای او انجام دهی خدا باز هم تو را عذاب کند و به او چنان امید داشته باش که اگر گناه جنّ و انس را انجام داده باشی خدا باز هم تو را ببخشد. (الکافی، ج ۲، ص ۶۷-۶۸) در قرآن نیز دستوری از خداوند متعال آمده است که «از مردم نترسید و از من بترسید» (المائده، ۴۴)

تذکر این نکته نیز در اینجا لازم است که یاد خدا به عنوان حلقه آخرین زنجیره

تدابیر و فعالیتهای انسانی در تأمین امنیت قرار دارد. در نتیجه نباید تصور کرد که بدون تلاش و کوشش برای تأمین امنیت می‌توان به آرامش رسید. مکتب اهل بیت(ع) تلاش و کوشش برای دستیابی به ارزشهای انسانی ضروری می‌داند. رهبانیت پیشه کردن و دست از کار و تلاش کشیدن راه درستی برای کسب آرامش نیست و در اسلام مذمت شده است. در اسلام توکل کردن به خداوند متعال در کنار کسب و کار و کوشش معنای حقیقی خود را می‌یابد. باید یاد خدا را در بن و بنیاد همه کارها و توأم با آنها همراه داشت و در حالی که کارهای اجتماعی خویش را به انجام می‌رسانیم، به یاد خدا نیز باشیم.

و به گفته مولانا:

گفت پیغمبر به آواز بلند — با توکل زانوی اشتر ببند

رمز الکاسب حبیب الله شنو — در توکل از سبب غافل مشو

۵ـ۳ـ٤ نقش تقوا در امنیت

همچنین تقوا موجب ایمنی است. امام صادق(علیه السلام) در روایت صحیحی استدلال می‌کند به آیه شریفه «إنَّ المُتَّقینَ فی مَقام أمین» (الدخان، ٥١) و می‌فرماید:

أَیُّمَا مُؤْمِنٍ أَقْبَلَ قِبَلَ مَا یُحِبُّ اللَّهُ أَقْبَلَ اللَّهُ عَلَیْهِ قِبَلَ کُلِّ مَا یُحِبُّ وَ مَنِ اعْتَصَمَ بِاللَّهِ بِتَقْوَاهُ عَصَمَهُ اللَّهُ وَ مَنْ أَقْبَلَ اللَّهُ عَلَیْهِ وَ عَصَمَهُ لَمْ یُبَالِ لَوْ سَقَطَتِ السَّمَاءُ عَلَی الْأَرْضِ وَ إِنْ نَزَلَتْ نَازِلَةٌ عَلَی أَهْلِ الْأَرْضِ فَشَمِلَهُمْ بَلِیَّةٌ کَانَ فِی حِرْزِ اللَّهِ بِالتَّقْوَی مِنْ کُلِّ بَلِیَّةٍ أَ لَیْسَ اللَّهُ تَعَالَی یَقُولُ إِنَّ الْمُتَّقِینَ فِی مَقامٍ أَمِین (بحار الأنوار، ج ۶۷، ص ۲۸۵)

هر مؤمنی که روی آورد بطرف اعمالی که خدا دوست دارد خدا هم بطرف آنچه او می‌خواهد رو می‌آورد (خواسته‌های او را به او می‌دهد) و آن کس که با تقوی به خدا مستمسک شود خدا او را نگهداری می‌کند و

بدیهی است آن کس که خدا به او رو آورد و نگهدار او باشد اگر آسمان به زمین آید باکی ندارد و اگر حادثه‌ای برای اهل زمین رخ دهد و بلیّه‌ای همه را فراگیرد، او به سبب تقوی از هر خطری مصون است. مگر نه این است که خداوند می‌فرماید: إِنَّ الْمُتَّقِينَ فِي مَقَامٍ أَمِينٍ «اهل تقوی در محل امن و امانند».

این ایمنی که در سوره دخان ذکر شده گرچه مربوط به ایمنی در روز قیامت است، ولی در روایت قرائنی وجود دارد که می‌توان آن را به دنیا نیز سرایت داد. نتیجه آن که ایمنی در دنیا و آخرت جز از طریق تقوای الهی حاصل نشود و تلاشهای انسان برای دستیابی به ایمنی سبب و وسیله‌ای برای رسیدن به آن است و حصول قطعی ایمنی تنها از طریق تقوای الهی حاصل می‌شود.

همچنین در قرآن آمده است که کسانی که تقوای الهی پیشه کنند خدا از گرفتاریها نجاتشان خواهد داد و از جایی که گمان نمی‌برند آنها را روزی خواهد داد. بی‌شک یکی از این نعمتها و روزیهای الهی ایمنی است.

وَ مَن يَتَّقِ اللَّهَ يجْعَل لَّهُ مخْرَجًا * وَ يَرْزُقْهُ مِنْ حَيْثُ لَا يحْتَسِبُ (الطلاق، ۲-۳)

آنچه از این مجموعه روایات و آیات استفاده می‌شود این است که پس از اتخاذ تدابیر انسانی برای تأمین امنیت، آنچه در مواقع حملات و صدمات، موجب نجات و برون‌شد از ناامنی است، تقوای الهی و خداترسی و یاد خداوند است. بنابر این متصدیان امنیت نباید برای دستیابی به امنیت از مسیر تقوای الهی خارج شوند و به ابزاری متوسل شوند که شرعاً و قانوناً مجاز نیست. خروج از این مسیر خروج از مسیر تقواست و راههای برون‌شد و خلاصی از گرفتاری و ناامنی را بر انسان می‌بندد. خارج نشدن از مسیر تقوا و خداترسی و رعایت حدود شرعی و قانونی، یک اصل اخلاقی در تأمین امنیت و بازیابی امنیت در زمان وقوع حملات و صدمات است.

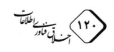

حقوق مالکیت فکری

۵ـ۱ بنیادهای حقوق مالکیت فکری

۵ـ۳ بررسی ادله حقوق مالکیت فکری

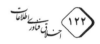

۱ـ۵ بنیادهای حقوق مالکیت فکری

۱ـ۱ـ۵ مفاهیم کلیدی و اهداف رفتاری

- برای تشویق متخصصان خلاق فناوری اطلاعات، باید از تلاشها و ابتکاراتشان حمایت کرد. برای این کار مجموعه‌ای از حقوق، با عنوان حقوق مالکیت فکری (**Intellectual Property Rights**)، تدوین شده و به رسمیت شناخته شده است و کشورهای مختلف قوانینی را به تصویب رسانده‌اند تا از این حقوق حمایت کنند.
- حقوق مالکیت فکری قلمرو وسیعی دارد که شامل حق تألیف یا حق انحصاری اثر(**Copy Rights**)، حق انحصاری اختراع (**Patent**)، علائم تجاری (**Trademarks**)، حمایت از اسرار تجاری (**Trade Secrets**)، و حقوق هویت شخصی (**Personal Indentity Rights**) است.
- حق انحصاری اثر یا کپی‌رایت، حقی است که به یک مخترع یا مبدع یک اثر یا بیان، حق نشر و تکثیر اثر را اعطا می‌کند. این اثر می‌تواند آثار خلاقی چون اثر ادبی، نمایشنامه، موسیقی، تصویر، گرافیک و آثار هنری،

آثار صوتی یا صوتی-تصویری و آثار معماری را شامل شود.

- برای این که اختراع یا اکتشاف، تحت پوشش قانون حق انحصاری اختراع قرار گیرد چند شرط لازم است: این که اختراع یا اکتشاف، جدید و مفید باشد یا به عبارت دیگر اصلاح یا بهبود یک فرایند، یک تولید، یا یک ماشین باشد. علاوه بر این باید سلامت، تازگی و عدم وضوح داشته و به خوبی افشا شده باشد.
- اسرار تجاری اطلاعاتی است که موجب می‌شود یک شرکت یا مؤسسه نسبت به دیگران در آن حرفه دارای مزیت گردد. اسرار تجاری ممکن است یک فرمول، یک فرایند طراحی، یک ابزار، یا یک نمودار تجاری باشد.
- علامت تجاری عبارت است از یک برچسب که معرّف یک محصول یا خدمات خاص است و علامتی است که کالا و خدمات را در ذهن مشتریان از دیگر کالاها و خدمات متمایز می‌سازد. این برچسب ممکن است یک کلمه، نام، عکس یا نشانه باشد.

در پایان این بخش انتظار می‌رود:

- حق مالکیت فکری را تعریف کنید.
- زیربخشهای حق مالکیت فکری را تعریف کنید و حدود شمول و گستره آنها را بیان کنید.
- ادله عقلی و نقلی حق مالکیت فکری را توضیح دهید.
- سیر حقوق مالکیت فکری را در ایران طی سالهای اخیر بیان کنید.

۵-۱-۲ تبیین حقوق مالکیت فکری

کسب مهارتهایی که با آنها بتوان محصولات رایانه‌ای، خدمات الکترونیکی، و

نرم‌افزارهای رایانه‌ای را عرضه کرد، نیازمند سرمایه‌گذاری کلان و صرف زمانی طولانی و زحماتی طاقت‌فرسا است. بنابر این کسانی که به این کارها همت می‌گمارند، باید بتوانند مزد و پاداش زحمات خود را بگیرند. این پاداشها، فضایی ایجاد می‌کند که در آن خلاقیت و حس رقابت سالم که به نوبه خود موجب ایجاد اشتغال و به حرکت درآوردن چرخهای اقتصاد ملی است، رشد و نمو خواهد یافت. بنابر این باید از این خلاقیتها حمایت صورت گیرد تا این صنعت بتواند به حیات خود ادامه دهد و اقتصاد ملی در این حوزه و حوزه‌های مشابه آن رونق گیرد.

فناوری رایانه‌ای از دل این خلاقیت فردی متخصصان، در کنار شجاعت سرمایه‌گذاران شرکتهای رایانه‌ای شکل گرفت. جامعه باید برای تشویق این متخصصان خلاق، از تلاشها و ابتکارات آنها حمایت کند. برای این کار مجموعه‌ای از حقوق، با عنوان حقوق مالکیت فکری (Intellectual Property Rights)، تدوین و به رسمیت شناخته شده است و کشورهای مختلف قوانینی را به تصویب رسانده‌اند تا از این حقوق حمایت کنند.

حقوق مالکیت فکری دارای قلمرو وسیعی است شامل حق تألیف یا حق انحصاری اثر(Copy Rights)، حق انحصاری اختراع (Patent)، علائم تجاری (Trademarks)، حمایت از اسرار تجاری (Trade Secrets)، و حقوق هویت شخصی (Personal Indentity Rights). هر یک از این قوانین حمایتی، با دسته‌ای دیگر از قوانین و مقررات تنظیم و تکمیل گردیده است که در اینجا به توضیح برخی از آنها خواهیم پرداخت. برخی از این قوانین هنوز به صورتی بین‌المللی در نیامده و شیوع پیدا نکرده است. البته وسعت بحث در این مفاهیم فراتر از مباحث رایانه‌ای و فناوری اطلاعات و ارتباطات است ولی بحث ما صرفاً اختصاص به این امور خواهد داشت.

۲ـ۵ قلمرو مالکیت فکری

۱ـ۲ـ۵ حق انحصاری اثر

از نظر بین‌المللی حق تألیف یا حق انحصاری اثر یا کپی‌رایت، حقی است که قانون آن را تحکیم و به یک مخترع یا مبدع یک اثر یا بیان اعطا کرده است. این اثر یا بیان شامل آثار خلاقی چون اثر ادبی، نمایشنامه، موسیقی، تصویر، گرافیک و آثار هنری می‌شود. همچنین می‌توان از آثار صوتی یا صوتی-تصویری و آثار معماری نیز در ذیل این حق بحث کرد. به طور کلی، هر اثر ابتکاری که دارای یک شکل محسوس باشد و با یک واسطه تثبیت شده باشد، قانون حق انحصاری اثر (کپی‌رایت) از آن حمایت می‌کند. تاریخ آغاز حق انحصاری اثر در کشورهای غربی، قرن هیجدهم بود. در انگلستان به سال ۱۷۱۰، در امریکا به سال ۱۷۹۰ و در فرانسه به سال ۱۷۹۳ قوانینی برای حمایت از حق انحصاری اثر به تصویب رسیده است.

از آن زمان تاکنون قوانین حق انحصاری اثر در سراسر جهان شیوع یافته است. پیمان برن در سال ۱۸۸٦ منعقد شد ولی امریکا تا سال ۱۹۸۹ آن را امضا نکرد، پیمان جهانی حق انحصاری اثر (**UCC**)، و پیمانهای برن و پاریس به سال ۱۹۷۱ از جمله پیمانهای بین‌المللی در مورد این حق هستند. برای اطمینان از پای‌بندی به این پیمانها و رعایت آنها به وسیله کشورهای امضا کننده، نهادهایی بین‌المللی تأسیس گردیدند تا اجرای این پیمانها را پی‌گیری کنند. سازمان وایپو (سازمان جهانی حق مالکیت فکری؛ **WIPO**) به سال ۱۹٦۷ اولین سازمانی بود که مسئولیت این وظیفه را بر عهده گرفت.

بعد از آن سازمان یونسکو (سازمان آموزشی، علمی و فرهنگی ملل متحد؛ **UNESCO**) به همراه سازمان وایپو مسئولیت اجرای پیمان جهانی حق انحصاری اثر را بر عهده گرفتند و در نهایت سازمان تجارت جهانی (**WTO**) اینک مسئول اجرای «موافقتنامه وجوه مرتبط با تجارت حقوق مالکیت فکری» (**TRIPS**) است که در اروگوئه «موافقت‌نامه عمومی تعرفه و تجارت» (**GATT**) مشهور به «موافقتنامه گات» به

امضا رسید. در کنار این سازمانهای بین‌المللی، سازمانهای کوچک منطقه‌ای نیز در راستای حمایت از حقوق مالکیت فکری و نحوه حل و فصل اختلافات مربوط به آن تشکیل شده است که از آن نمونه می‌توان به موافقتنامه نفتا (**NAFTA**) اشاره کرد که در سال ۱۹۹٤بین کشورهای مکزیک، کانادا و امریکا انعقاد یافته است.

این سازمانها در کنار قوه مقننه کشورها، با اصلاحاتی که انجام می‌دهند سعی دارند معاهدات، موافقتنامه‌ها و قوانین مربوط به حق انحصاری اثر را روزآمدسازی کنند و موجبات رواج آن را فراهم آورند. در امریکا قانون مربوط به حق انحصاری اثر در سال ۱۷۹۰ به تصویب رسید و از آن زمان تاکنون در حال اصلاح و تغییر بوده است، تا این که در سال ١٩٧٦ قانون جاری را تصویب کرد که عمدتاً به دلیل پیشرفتهایی که در فناوریهای رایانه‌ای روی داده بود، چندین بار اصلاح گردید.

باید توجه داشت که هر کشوری ملاحظات خود را در تدوین مقررات مربوط به این قانون دارد. مثلاً در کشور کانادا دو شرط ابتکار (**originality**) و تثبیت (**fixation**) برای اثری که بخواهد مورد حمایت این قانون قرار بگیرد لحاظ گردیده است. شرط دوم یعنی تثبیت، اشاره به شکل محسوسی دارد که مؤلف، اثر را به آن صورت درآورده است. مثلاً برنامه‌های رایانه‌ای به صورت کدهای بر مبنای دو «با استفاده از اعداد صفر و یک» تثبیت می‌گردند. آثاری چون نمایشنامه‌ها به صورت مکتوب تثبیت می‌شوند. در هنرهای زیبا، نقاشی کردن یا مجسمه‌سازی شکل تثبیت اثر است.

در امریکا شرط دیگری را نیز با عنوان ابراز یا بیان (**expression**) اضافه می‌کنند. در اینجا تمام آثاری که به صورتی محسوس تثبیت شده باشد هر چند ابزار و واسطه‌ای نداشته باشد و در عین حال به طریقی ابراز شده باشد و صرف یک ایده یا تصور ذهنی نباشد، مورد حمایت قانون قرار می‌گیرد. گستره آثار و ابداعاتی که این شرایط را دارا باشد وسیع است و آثار هنری، عکاسی، گرافیکی، مجسمه‌سازی، موسیقایی، صوتی، سمعی-بصری، که شامل برنامه‌های تلویزیونی و تصاویر متحرک نیز می‌شود، آثار ادبی، و دیگر مواد چاپی مانند کتاب، کارت

تبریک، مجله، آگهی و اعلان، اعلامیه و بروشور و امور مشابه دیگر را شامل می‌شود.

اگر زمان حق انحصاری اثر تمام شود، آن اثر در اموال عمومی داخل می‌شود. همچنین برخی از آثار از اساس داخل در اموال عمومی هستند مانند واقعیتها. چون هیچ فردی نسبت به یک واقعیت معلوم یا نامعلوم حقی ندارد؛ چون واقعیات ابداع و ابتکار محسوب نمی‌شوند. نظریه‌های علمی و غیر علمی و ایده‌ها نیز مانند واقعیات تا وقتی که ابراز نشده باشند، قابل اندراج ذیل حق انحصاری اثر نیستند و بخشی از اموال عمومی هستند. ولی اگر ابراز صورت گیرد آن گاه است که ابتکار و ابداع معنا پیدا می‌کند و آن ایده یا نظریه می‌تواند تحت پوشش قانون حق انحصاری اثر قرار گیرد.

آثار اقتباسی (derivative works) که بر اساس یک یا چند اثر پیشین شکل گرفته است می‌تواند آثار ترجمه‌ای، نسخه تصاویر متحرک یک اثر، تلخیص اثر، بازآفرینی هنری یک اثر، به صورت داستان یا نمایشنامه درآوردن یک اثر و مانند آن را شامل گردد. همچنین اگر یک ویراستار اثر سابقی را بازبینی و اصلاح کند، یا بر آن حاشیه‌نویسی کند یا شرح و تفسیر بیافزاید یا اصلاحاتی از این قبیل داشته باشد، یک اثر اقتباسی را تولید کرده است. آثار اقتباسی فقط در محدودهٔ آنچه به اثر قبلی افزایش داشته حمایت می‌شوند.

در کشور امریکا، مدت زمان حمایت در قانون حق انحصاری اثر اگر مربوط به قبل از سال ۱۹۷۸ باشد، حق انحصار اثر آن به مدت ۷۵ سال بعد از تاریخ انتشار خواهد بود. در مورد آثار چاپ نشده، در پایان سال ۲۰۰۲ حق انحصاری اثر آنها لغو گردیده است. اگر اثر بعد از سال ۱۹۷۸ نشر یافته باشد، تا زمانی که مؤلف آن زنده است به علاوه ۵۰ سال بعد از آن، مشمول قانون حق انحصاری اثر خواهد بود. اگر مؤلفان متعدد باشند آخرین مؤلف زنده ملاک خواهد بود. اگر آثاری بر اساس قرارداد کاری استخدامی با کارمندان یا مستخدمان پدید آمده باشد، تا ۷۵ سال از تاریخ اولین انتشار یا تا ۱۰۰ سال از تاریخ خلق آن اثر، مشمول قانون حق انحصاری اثر خواهد بود.

۲-۲-۵ حق انحصاری اختراع

حق انحصاری اختراع (**Patent**) حقی است در باب اختراعات و اکتشافات. فرق آن با حق انحصاری اثر این است که نیازی به ابراز ندارد و وجه اشتراک این دو حق آن است که در بسیاری از کشورها قوانینی برای حمایت از آنها وضع گردیده است. برخی این حق را موجب گسترش دانش و فنون مفید می‌دانند چون تا مدت معینی حقوق مؤلفان و مخترعان را در مورد تألیفات و اختراعشان حفظ می‌کند. به همین دلیل دائماً قوانین مربوط به آن را روزآمد می‌کنند تا با شرایط جاری و جدید تطبیق کند.

از آنجا که هر مخترع یا مبتکری باید اختراع یا ابتکار خود را عرضه کند، حق انحصاری اختراع بیشتر شبیه یک قرارداد است که بین دولت و فرد مخترع بسته می‌شود. از یک سو دولت موظف است که از حقوق انحصاری مخترع یا کاشف حمایت کند تا او بتواند سرمایه‌گذاری خود را برای مدت معلومی بهبود دهد. در مقابل، فرد مخترع یا کاشف نیز موظف است تمام جزئیات اختراع یا اکتشاف خود را در اختیار دولت قرار دهد. در این حال، دولت می‌تواند از منافع ملی که در قبال این اختراع یا اکتشاف حاصل می‌آید حفاظت کند.

در برخی کشورها برای این که اختراع یا اکتشاف تحت پوشش قانون حق انحصاری اختراع قرار گیرد دو شرط لازم است: اول این که اختراع یا اکتشاف، جدید و مفید باشد یا به عبارت دیگر اصلاح یا بهبود یک فرایند، یک تولید، یا یک ماشین باشد. دوم این که اختراع یا اکتشاف باید چهار اصل ذیل را دارا باشد:

۱- سلامت: به این معنا که اختراع یا اکتشاف باید برای عموم مردم یا درصد قابل ملاحظه‌ای از آنها سودمند باشد بدون این که خطری برای آنها ایجاد کند، یا غیرقانونی یا غیر اخلاقی باشد.

۲- تازگی: به این معنا که اختراع یا اکتشاف باید مستعمل نباشد طوری که قبلاً در جایی دیگر منتشر شده یا معلوم گشته باشد.

۳- عدم وضوح: به این معنا که اختراع یا اکتشاف نباید برای کسانی که دارای مهارتهای عادی هستند، امری واضح و بدیهی و روشن باشد.

٤- عرضه: به این معنا که اختراع یا اکتشاف باید به حد کافی عرضه شده باشد طوری که بتوان بر مبنای آن ادعای اختراع را رد یا تأیید کرد و نیز بتوان بر اساس آن این امکان را برای عموم مردم که تحت حاکمیت دولت طرف قرارداد هستند، فراهم آورد تا از آن اختراع یا اکتشاف طوری بهره‌مند شوند که منفعت و سلامت آنها را در برداشته باشد و برای آنها ضرر و خطری نداشته باشد.

در برخی از کشورها مدت حمایت دولتی از این حق، تا هفده سال است. در عین حال قانون حمایت از حق انحصاری اختراع شامل ایده‌ها نمی‌شود، بلکه فقط فرایند اجرا یا تولید آن ایده را شامل می‌شود. رقبایی که ایده‌های یکسانی را در فرایندهای اجرایی یا تولیدی متفاوتی عرضه کرده‌اند، همه تحت حمایت قانون حق انحصاری اختراع قرار خواهند گرفت. وقتی زمان حمایت این قانون به سر آید، حق انحصاری اختراع به همراه تمامی صور افشایی آن در اختیار عموم قرار خواهد گرفت.

۳-۲-۵ اسرار تجاری

اسرار تجاری (**trade secrets**) اطلاعاتی است که موجب می‌شود یک شرکت یا مؤسسه نسبت به دیگران در آن حرفه دارای مزیت گردد. اسرار تجاری ممکن است یک فرمول، یک فرایند طراحی، یک ابزار، یا یک نمودار تجاری باشد. از این رو نمی‌توان تعریف پذیرفتنی واحدی از اسرار تجاری عرضه کرد. در تعریفی عام گفته‌اند اسرار تجاری عبارت است از مجموعه‌ای از اطلاعات به شکلی ایستا (غیر پویا) که دارای اهمیتی حیاتی و راهبردی است. شکل این اطلاعات ممکن است یک نوع طراحی باشد که اطلاعاتی را بیان می‌کند، یک فرمول باشد که مجموعه‌ای از اطلاعات را عرضه می‌دارد، ، یک الگو، یک علامت، یا یک آرم باشد که بر اطلاعاتی دلالت دارد.

شکل آن اطلاعات تجمیعی هر چه باشد فرقی نمی‌کند، ولی باید موجب مزیتی برای صاحب آن شود طوری که آن مالک را در رقابت با دیگران در رتبه بالاتری قرار دهد.

در کشور امریکا اسرار تجاری برخلاف حق انحصاری اثر و حق انحصاری اختراع، به طور مستقل و مستقیم مورد حمایت دولت فدرال نیست، بلکه هر ایالتی قانون خاص خود را دارد. البته در قوانین و مقررات دولت فدرال قوانین دیگری چون قوانین قراردادی و قوانین رقابت ناسالم وجود دارد که صاحبان اسرار تجاری را به طور غیر مستقیم مورد حمایت قرار داده است.

گرچه تعریف اسرار تجاری کار دشواری است ولی می‌توان خصوصیات و ویژگی آنها را طوری برشمرد که امکان تمییز آن فراهم آید. در اینجا به پنج ویژگی اشاره می‌کنیم:

۱- گستره معلوم بودن این اسرار در بیرون از شرکت کم باشد. بنابر این اگر افراد زیادی بیرون از شرکت یا مؤسسه مجموعه اطلاعات را بدانند یا به آن دسترسی داشته باشند، آن اطلاعات دیگر اسرار تجاری محسوب نخواهند شد.

۲- گستره اقداماتی که صاحبان اسرار تجاری انجام می‌دهند تا آن اسرار را مخفی نگه دارند دارای اهمیت است. بنابر این اگر قرار است این اطلاعات تا آنجا که امکان دارد در دسترس افراد کمتری باشد، باید طرحی حساب‌شده برای حفاظت اطلاعات و جلوگیری از افشای آن صورت گرفته باشد.

۳- اطلاعات مربوط به آن اسرار تجاری برای صاحب آن اسرار و رقبای آنها باارزش باشد. بنابر این اگر مجموعه اطلاعاتی که ادعا شده اسرار تجاری را شکل می‌دهند برای رقبا کم ارزش باشد یا ارزشی نداشته باشد، دیگر آن اطلاعات اسرار تجاری محسوب نمی‌شوند چون این اطلاعات هیچ مزیت معینی برای صاحب آن نسبت به رقبایش ایجاد نمی‌کند. مهم نیست که صاحب آن اطلاعات، آنها را باارزش بداند یا نداند؛ تا زمانی که رقبایش آن اطلاعات را باارزش تلقی نمی‌کنند، آن اطلاعات اسرار تجاری محسوب نمی‌شوند.

٤- مالک برای جمع‌آوری یا تولید اطلاعات تلاش یا هزینه صرف کرده باشد. هر قدر هزینه و تلاشی که برای تولید یا جمع‌آوری اطلاعات صرف کرده بیشتر باشد، ارزش نتایج آن بیشتر است. چون برخی اطلاعات یا نتایج طرحها نیازی به سرمایه‌گذاری اولیه عظیمی ندارد، صرفاً تلاشی که صورت گرفته است به حساب می‌آید.

٥- کسب یا تکثیر اطلاعات به وسیله دیگران بسیار دشوار نباشد. اگر دیگران تنها با صرف تلاش یا هزینه بسیار زیادی بتوانند به آن اطلاعات دست یابند، آن گاه ارزش آن اطلاعات و در نتیجه مزیتی که آن اسرار تجاری نسبت به رقبای صاحبشان دارد کاهش می‌یابد.

شرایط اسرار تجاری با لوازم شرایط مذکور در حق انحصاری اختراع، در تعارض‌اند. در مورد حق انحصاری اختراع یکی از شرایط این بود که صاحبش اطلاعات مربوط به آن را به طور کامل افشا کند. این شرط مخالف با مخفی نگه‌داشتن اسرار تجاری است. بنابر این کسانی که متقاضی حق انحصاری اختراع هستند نمی‌توانند در آن حال و نسبت به همان محصول متقاضی استفاده از حقوق اسرار تجاری باشند.

مدت زمان حمایت از اسرار تجاری نامحدود است و تا زمانی که صاحب آن اسرار، آنها را افشا نکرده باشد دوام خواهد یافت.

٤-٢-٥ علائم تجاری

یک علامت تجاری (**Trademarks**) عبارت است از یک برچسب که معرّف یک محصول یا خدمات خاص است و علامتی است که کالا و خدمات را در ذهن مشتریان از دیگر کالاها و خدمات متمایز می‌سازد. این برچسب ممکن است یک کلمه، نام، عکس یا نشانه باشد. کاملاً روشن است که مشتریان وقتی برای گزینش کالاهای مورد نظر خود دست به انتخاب می‌زنند به نام تجاری آنها توجه می‌کنند و با تداعی نام مارک

تجاری کالای مورد نظر خور را بر می‌گزینند. مثلاً در ایران بانکهای زیادی وجود دارد،
ولی هر بانک برای خود یک علامت تجاری دارد. از باب نمونه بانک مسکن دارای یک
علامت تجاری است به شکل یک مربع که درون آن یک تاق خانه به شکل شماره ۸
تعبیه شده است. این علامت، بانک مسکن را از دیگر بانکها متمایز می‌کند و می‌تواند
موجب مزیت رقابتی این بانک بر دیگران در صنعت بانکداری شود. چون مشتریان
برای گزینش کالا و خدمات انتخابی خود از علائم تجاری استفاده می‌کنند، صاحبان
علائم تجاری از آنها به شدت مراقبت می‌کنند تا مورد سوء استفاده دیگران قرار نگیرد.

در حالی که حق انحصاری اختراع به مالک این حق اختصاصی را می‌دهد که
اختراع یا اکتشاف خود را به کار گیرد یا بفروشد، و قانون حق انحصاری اثر به مؤلف
این اختیار اختصاصی را می‌دهد که اثر خود را تکثیر کند، علامت تجاری به مالکش
این حق را می‌دهد تا دیگران بخصوص رقبا را از استفاده از همان علامت یا علامتی
مشابه آن برای بازاریابی محصولشان منع کند. در عین حال علامت تجاری این ترغیب
را در تولید کنندگان کالا و عرضه کنندگان خدمات ایجاد می‌کند که به ارتقای کیفیت
کار خود بپردازند تا ارزش کارشان در ذهن مشتریان تقویت شود. ضمن این که علامت
تجاری مسئولیت هر گونه عواقب مصرف کالای تولید شده و دریافت خدمات را
مشخص می‌کند.

علامت تجاری یک واژه عام است که شامل علامت خدمات، علامت گواهی‌نامه،
و علامت گروهی می‌شود. از علامت خدمات معمولاً در فروش یا تبلیغ خدمات
استفاده می‌کنند تا بتوانند آن خدمت را از خدمات دیگر متمایز سازند. مثلاً خدمات
بانک تجارت به شکل یک سنگ بنا که از آن شعاعهای نور ساطع است نمایان می‌شود
که درون آن شعاعها به تناسب خدمت درون یک مربع یا مانند آن قرار گرفته است. مثلاً
در بانکداری الکترونیکی این بانک، کلمه‌ای انگلیسی (e) در داخل کادر آمده است. این
علامت، خدمات الکترونیکی بانک تجارت را از خدمات دیگر بانکها متمایز می‌سازد.

علامت گواهی‌نامه به عنوان تأیید یا تصدیق ویژگیهای یک محصول، یک خدمت، یا گروهی که خدمات خاصی را عرضه می‌کنند، به کار می‌رود. از باب نمونه، دانشگاههای مختلف دارای مهری هستند که هنگام اعطای مدرک به فارغ‌التحصیلان خود در ذیل امضای رئیس دانشگاه زده می‌شود. علامت گروهی عمدتاً مربوط به یک گروه است که عضویت خود را در یک سازمان یا گروه نشان می‌دهند. مثلاً افرادی که دوره تحصیلی و امتحانات خاصی را گذرانده باشند، می‌توانند از علامتی همچون **PhD** به معنای دکترای تخصصی در علوم انسانی استفاده کنند تا تعلق و رتبه خود را در آن گروه نشان دهند.

برای این که یک علامت به عنوان علامت تجاری ثبت شود باید دارای دو نوع شرط باشد. اول این که علامت تجاری باید متمایز کننده باشد یعنی آن کالا یا خدمت را که دارای آن علامت است از دیگر کالاها و خدمات متمایز سازد. بنابر این نمی‌توان از کلمه سیب برای علامت تجاری سیب استفاده کنند. اما این کلمه می‌تواند برای ثبت علامت تجاری یک شرکت رایانه‌ای مناسب باشد. نوع دوم از شرایط این است که آن کالا یا خدمت فاقد آثار زیانبار باشد، موجب گمراهی مشتریان نشود و نظم و اخلاق عمومی را نقض نکند.

علائم تجاری نباید مشابه داشته باشند و گرنه از ثبت آنها جلوگیری می‌شود. همچنین تقاضانامه ثبت یک علامت تجاری باید تمام اطلاعات مربوط به آن کالا یا خدمات را که شامل طبقه کالا و خدمات، تاریخ اولین تولید و اطلاعات مشابه دیگر است توصیف کند.

گفته می‌شود که یک تصویر ارزش هزار کلمه را دارد. یعنی گاهی با یک تصویر می‌توان پیامی را به مخاطب رسانید که هزار کلمه توانایی چنین پیامی را ندارد. از این جهت پیامی که یک تصویر برای مشتریان به همراه دارد برای مالکان آن علائم تجاری بسیار حیاتی است. صاحبان کالاها و خدمات برای این که ارزش تجاری کار خود را در

چشم مردمان ارتقا دهند از علائم تجاری گوناگونی استفاده می‌کنند. هر چه آن علامت متمایزتر از دیگر علائم باشد، کالا و خدمات جلوه ارزشی بیشتری خواهند یافت.

همچنین باید به پیام علائم تجاری نیز توجه کرد. از این نظر علائم تجاری را می‌توان به اقسام ذیل تقسیم کرد:

علائم تصادفی: علائمی هستند که هیچ پیامی در باب خدمات یا کالای عرضه شده ندارند. انتخاب آنها تصادفی و دلبخواهی بوده است. ولی پس از گذر زمان، موجب تداعی معانی در ذهن مشتریان می‌شوند طوری که هر وقت آن علامت را ببینند به یاد آن محصول می‌افتند. اکثر علائم تصادفی از یک یا چند کلمه یا مجموعه‌ای از حروف تشکیل شده که قبلاً در کاربرد زبان بوده ولی با هیچ معنا و مفهوم خاصی ارتباط نداشته است. مثل کلمه «سمت» که علامت برای کتابهای منتشر شده در «سازمان مطالعه و تدوین کتب علوم انسانی» است. در حالی که خود کلمه «سمت» قبلاً با هیچ معنای مستقل و واضحی پیوند نداشته و از ابتدای کلمات «سازمان»، «مطالعه» و «تدوین» گرفته شده است.

علائم مشیر: علامتها یا عبارتهایی هستند که معمولاً در لسان عامه مردم به کار می‌روند، اما صاحبان کالا و خدمات از آنها به عنوان علامتی برای کار خود استفاده می‌کنند و معنای جدیدی به آن می‌دهند. این معنای جدید می‌تواند به مشخصات، کیفیت، و دیگر ویژگیهای آن کالا یا خدمت اشاره داشته باشد. یک مثال خوب برای این نوع علامت مشیر کلمه «نور» است که به برنامه‌های رایانه‌ای اشاره دارد که دارای محتوای علوم اسلامی هستند. این نام به دو جهت با محصول تولیدی تناسب دارد. یکی این که محتوای علوم اسلامی خود نور و موجب هدایت است و دیگر این که این برنامه‌ها عمدتاً به صورت دیسکتهای نوری رایانه‌ای عرضه می‌شوند.

علائم توصیفی: که معمولاً توصیفی از هدفی خاص در مورد آن علامت را شامل می‌شود اما در مورد خود آن کالا یا خدمت چیزی بیان نمی‌کند. مثلاً اگر برنامه‌ای

رایانه‌ای نوشته شود که به نظر برسد فرایند یادگیری زبان فارسی را برای خارجی‌زبانان ساده‌سازی کند می‌توان نام این برنامه را «فارسی آسان» نهاد.

علائم عام: که علامتی جدید را عرضه می‌کنند که با کالا یا خدمت یا با مشخصات، کیفیات و ویژگیهای آن کالا یا خدمت که دارای آن علامت است، هیچ ارتباطی ندارد. علائم عام بر خلاف علائم تصادفی ارتباطی با امور زبانی ندارد. یک علامت عام می‌تواند هر نوع علامتی باشد. مانند علامت سر اسب برای ماشین سمند یا علامت اسب و ارّابه برای ماشین پیکان. از آنجا که ثبت این نوع علائم به دلیل کم‌بودن مشابه آن در بازار ساده و سریع صورت می‌گیرد، بسیاری از صاحبان کالا و خدمات به این نوع علائم رغبت بیشتری نشان می‌دهند.

در برخی کشورها چون امریکا تا ده سال از یک علامت تجاری حمایت می‌شود و اگر صاحب آن متقاضی باشد می‌توان تا ده سال دیگر این حق را تمدید کرد.

۵ـ۳ بررسی ادله حقوق مالکیت فکری

۱ـ۳ـ۵ دلایل نقلی در باب حق تألیف

در اسلام به علم و علم‌آموزی توجهی ویژه شده است. در یک روایت صحیح از پیامبر اعظم (صلی الله علیه و آله و سلّم) نقل شده است که طالب علم و دانشجو در مسیر بهشت حرکت می‌کند و ملائکه بال خود را با خشنودی برای او می‌گسترانند (الکافی، ج ۱، ص۳۴). از سوی دیگر در اسلام بذل علم و نشر آن بر علما واجب است. در روایت صحیحی از کتاب امیر المؤمنین (علیه السلام) نقل شده است که خداوند عهدی از علما گرفته است که علم خود را به دیگران عطا کنند(الکافی، ج ۱، ص۴۲). در بین علمای سلف نیز نقل مطالب دیگران حتی بدون ذکر منبع رواج داشته است.

همچنین تاکنون دلیل نقلی متقنی که بر احترام شرعی به حق مالکیت فکری دلالت داشته باشد و به طور مستقل و مستقیم بر آن دلالت کند اقامه نگردیده و دلائلی نیز که به

طور ضمنی یا التزامی بر احترام شرعی این حق دلالت کند مورد اتفاق علما قرار نگرفته است. از این رو می‌توان ادعا کرد که هیچ دلیل نقلی اجماعی بر لزوم رعایت این حق وجود ندارد. در عین حال برخی از مخالفان و موافقان ادله‌ای لفظی بر این حق اقامه کرده‌اند.

مخالفانِ احترام به این حق، دلائلی از آیات و روایات اقامه کرده‌اند که صحت این استدلالها مخدوش به نظر می‌رسد. از جمله به آیاتی که بر حرمت کتمان علم دلالت دارد (البقره – ۱۵۹ و آل عمران – ۱۸۷) استناد شده تا حق مالکیت معنوی را نفی کنند. در حالی که این آیات حرمت مخفی کردن علم را بیان می‌کند و ربطی به جایی که مثلاً کسی برای تکثیر کتابش مقدار معقول و عادلانه‌ای حق تألیف طلب کند ندارد، چنین فردی نه تنها تمایلی به مخفی کردن علم خود ندارد بلکه در صدد است آن را گسترده‌تر منتشر سازد.

برخی نیز به حرمت دریافت اجرت در واجبات تمسک کرده و نتیجه گرفته‌اند که نباید برای حق تألیف درخواست وجه کرد چون تعلیم و تعلم در اسلام واجب است. می‌توان اشکالات متعددی به این استدلال وارد آورد. از جمله این که روشن است که درخواست حق تألیف برای کتاب مانند درخواست وجه برای خود کتاب از مقدمات تعلیم و تعلم است و درخواست وجه برای مقدمات واجب، اشکالی ندارد.

در مقابل، برخی ادله‌ای نقلی برای اثبات این حق اقامه کرده‌اند. مانند این حدیث نبوی که به صورت یک قاعده فقهی مقبول در آمده است که «**الناس مسلّطون علی اموالهم**» (نهج الحق، صص ۴۹۴ و۵۷۲) یعنی مردم بر اموال خود مسلط هستند و می‌توانند آن گونه که می‌خواهند در آن تصرف کنند. بنابر این مالک اثر می‌تواند دیگران را از تکثیر منع کند چون مال شامل اعیان خارجی و امور معنوی هر دو می‌شود.

همچنین از آنجا که یک مؤلف برای تولید و تألیف اثر خود سعی کرده است آیه شریفه «و ان لیس للانسان الّا ما سعی» (النجم- ۳۹) شامل آن می‌شود. این آیه و آیات مشابه دیگر نشان می‌دهد در اسلام تلاش برای کسب، موجب ایجاد حق است و مؤلف

برای تألیف اثر خود تلاش فکری و قلمی کرده است، بنابر این مالک سعی خویش است.

البته این ادله نقلی مورد اتفاق نیست و اشکالاتی به آن وارد کرده‌اند.

۲ـ۳ـ۵ دلایل عقلی در باب حق تألیف

دلایل عقلی متفاوتی برای اثبات یا رد حق تألیف اقامه شده است که در اینجا به یک نمونه از هر یک می‌پردازیم:

دلیل موافقان: در بین انسانها همواره محصولات فکری نیز مانند صنایع دستی مورد احترام عقلای بشر بوده است و برای مالکان آنها حقوق مادی و معنوی قائل‌اند. از آنجا که این سیره عقلایی مورد ردع و نهی شارع قرار نگرفته است نتیجه می‌گیریم که مالکیت حقوق فکری و معنوی نیز مورد تأیید شارع مقدس می‌باشد. از سوی دیگر کار شرع مقدس وضع احکام شرعی است و تطبیق موارد و مصادیق بر عهده عقلا است. شارع مقدس نیز مانند عقل، ظلم را قبیح و عدالت را نیکو شمرده است. نزد عقلا نیز تصرف در حقوق مالکیت فکری ظلم محسوب می‌شود.

دلیل مخالفان: حق طبع و نشر از جمله حقوق مشروع نیست چون کسی که یک نسخه از کتابی را خریداری کرده است بر مال خود سلطنت مطلق دارد و می‌تواند از آن نسخه هر طور که می‌خواهد بهره‌مند شود. از آن جمله این که می‌تواند از روی آن کتاب به تعداد دلخواه تکثیر کند یا نشر دهد مگر این که در ضمن خرید شرط کنند که خریدار کتاب حق تکثیر و نشر مجدد را ندارد. بنابر این آنچه امروزه به حق طبع مشهور گشته حقی شرعی نیست و نمی‌توان مردم را بدون عقد و شرط از تسلط اموالشان منع کرد.

مجرد نوشتن این عبارت بر روی کتاب که «حق طبع و نشر برای صاحبان اثر

محفوظ است»، نیز کفایت نمی‌کند و الزام‌آور نیست و خریدار می‌تواند کتاب را چاپ کند یا از روی آن کپی‌برداری کند و هیچ کس نمی‌تواند او را از این کار منع کند. (تحریر الوسیله، ج ۲، ص ۶۲۵-۶۲۶). البته باید دانست که این دلیل اگر تمام باشد نشان از عدم وجود دلیلی شرعی بر رعایت حق تألیف است، ولی دلالتی بر این امر ندارد که رعایت این حق خلاف شرع است، به همین دلیل است که می‌توان آن را به عنوان شرط ضمن بیع قرار داد. بنابر این نهایت دلیل، حاکی از عدم وجود دلیلی شرعی بر لزوم رعایت حق تألیف است.

نتیجه‌گیری: در عین حال باید توجه داشت که عقلا می‌توانند برای جریان امور اجتماعی خود در اموری که شرع مقدس الزامی در باب آن وضع نکرده است، قوانینی را وضع کنند. این وضع می‌تواند به وسیله دولتها و مجالس قانون‌گذاری آنها صورت پذیرد. در این حال همه ملزم به رعایت این قوانین و مقررات هستند. به عنوان مثال هیچ دلیلی شرعی بر حرکت اتومبیلها از سمت راست خیابان وجود ندارد. در عین حال دلیلی هم وجود ندارد که شرع مقدس این عمل را نهی یا رد کرده باشد.

بنابر این عقلا می‌توانند در این موارد به نحوی که مصالح اجتماعی‌شان اقتضا می‌کند قوانینی را وضع کنند. در این حال رعایت قانونی که طبق مجاری حاکمیتی به تصویب رسیده باشد بر همگان لازم است. امام خمینی فتوا داده‌اند که والی مسلمانان می‌تواند کاری را که به صلاح آنهاست انجام دهد مثل تثبیت قیمتها یا صنعتی خاصی یا محاصره اقتصادی یا امور دیگری که به صلاح نظام و اجتماع مسلمانان است. (همان، ص۶۲۶) بنابر این اگر مجلس قانونگذاری در جمهوری اسلامی ایران قانونی را به تصویب برساند یا دولت مقرراتی وضع کند که حقوق مالکیت فکری را الزام‌آور کند، تبعیت از آن بر همگان الزامی است.

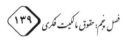

٤ـ۵ حقوق مالکیت فکری در قوانین و مقررات ایران

در سال ١٣٤٦ وزارت فرهنگ و هنر لایحه حمایت از مؤلفان، مصنفان و هنرمندان را تهیه کرد که در دی ماه ١٣٤٨ در مجلس شورای ملی وقت به تصویب رسید.

بر طبق ماده ٢٢ قانون مذکور: «حقوق مادی پدیدآورنده موقعی از حمایت این قانون برخوردار خواهد بود که اثر برای نخستین بار در ایران چاپ یا پخش یا نشر یا اجرا شده باشد و قبلاً در هیچ کشوری چاپ یا نشر یا پخش و یا اجرا نشده باشد.»

در نتیجه اجرای قانون فوق، بویژه مفاد ماده ٢٢ آن، عده‌ای از ناشران و صفحه‌سازان موسیقی با سوء استفاده از تفسیر این ماده، کتابها و صفحات موسیقی را که برای نخستین بار در خارج از ایران ساخته و منتشر شده بود عیناً نسخه‌برداری کرده و در بازارهای داخل و خارج کشور در مقابل جنس اصلی قرار دادند و بدین ترتیب مرتکب عمل «رقابت مکارانه» گردیدند. چون این کار با شکایتهای بسیاری مواجه شد در تاریخ ٦ دی ماه ١٣٥٢، قانون دیگری با عنوان «قانون ترجمه و تکثیر کتب و نشریات و آثار صوتی» به تصویب رسید که ضبط یا تکثیر آثار صوتی را به قصد بهره‌برداری مادی ممنوع اعلام کرد و ضمن پایبندی به تمامی مواد قانون حمایت حقوق مؤلفان و مصنفان و هنرمندان، در مورد تکثیر کتب و نشریات و آثار صوتی بیگانگان، مطابق ماده ٦ حمایت‌های خود را منوط به شرط وجود عهدنامه یا معامله متقابل دانست. (**حقوق آفرینشهای فکری، آیتی، صص ۴۹-۵۰ و حقوق کیفری مالکیت ادبی و هنری، الستی، صص ۲۸-۲۹**)

در سال ١٣٧١ آقای لاریجانی وزیر وقت فرهنگ و ارشاد اسلامی تعیین تکلیف در این زمینه را ، از آیت‌الله یزدی، رئیس قوه قضاییه، خواستار شد و ایشان در پاسخ بیان کردند: «حق مؤلف.... شرعی و با توجه به قانون حمایت مؤلفان... و قانون ترجمه و تکثیر کتب و نشریات و آثار صوتی دارای مبنای قانونی است که مؤلف می‌تواند برای خود محفوظ نگه دارد و یا براساس قرارداد قانونی به هر کس که مایل باشد واگذار کند و در این قرارداد شرایط موردنظر خود را منظور دارد که تخلف از آن تصرف در حق

غیر شناخته شده و قابل تعقیب کیفری است. و همچنین بیان می‌کنند که در زمان اختلاف آراء باید به نظر ولی امر مسلمین توجه کرد که نظر آیت الله خامنه‌ای نیز بر مشروع بودن این حق است.»

در سال ۱۳۷۹ قانون حمایت از نرم‌افزارهای رایانه‌ای به تصویب مجلس شورای اسلامی رسید که مشتمل بر ۱۷ ماده است و اصول حمایتی حقوق مالکیت ادبی —هنری را به نرم‌افزارهای رایانه‌ای تعمیم می‌دهد و ضمانت اجرای مدنی و کیفری برای نقض حقوق پدیدآورندگان این آثار تعیین نموده است. در نهایت ایران در سال ۱۳۸۰ به کنوانسیون تأسیس سازمان جهانی مالکیت فکری پیوست.

فصل ششم

پالایش محتوا

۱ـ۶ سیاستهای پالایش محتوا

۱ـ۱ـ۶ مفاهیم کلیدی و اهداف رفتاری

- موضوع پالایش محتوا با موضوع آزادی بیان رابطه معکوس دارد. موضوع پالایش محتوا، محدودیت در آزادی بیان، در جریان آزاد اطلاعات و در حق ارتباطات را موجب می‌شود در حالی که موضوع آزادی بیان، جریان آزاد اطلاعات و حق ارتباطات است که از جمله حقوق بشر محسوب گردیده است.
- محتواهای موجود در فضای سایبر را به دو دسته تقسیم می‌کنند:
- الف- محتواهایی که اجماع بین‌المللی بر لزوم سانسور، و پالایش آنها وجود دارد مانند هرزه‌نگاری و هرزه‌نمایی کودکان.
- ب) محتواهایی که برای کشورهای خاصی، ادیان خاصی، اقوام یا گروههای خاصی با توجه به ارزشهای مورد احترام آنها، حساسیت زاست.

- یکی از مباحث پالایش اطلاعات نشر آزادی اطلاعات است که هم اطلاعات دولتی و هم اطلاعات خصوصی را شامل می‌شود.
- سانسور کردن عبارت است از ایجاد محدودیت یا ممانعت از دسترسی به یک بیان و ابراز ، یا بخشی از یک بیان و ابراز یا مقوله‌ای از بیان و ابراز، که مؤلفش آن را علنی و عمومی ساخته است، به طوری که این محدودیت بر اساس این باور شکل گرفته که اگر مردم به محتوای این ابراز دسترسی پیدا کنند کار بدی انجام گرفته است.
- حق آزادی بیان دو سویه است: سهمی از حق متعلق به سخنگو و سهمی از آن متعلق به شنونده است.

در پایان این بخش انتظار می‌رود:

- پالایش محتوا و آزادی بیان را توصیف کنید.
- در باب درستی پالایش محتوا، انواع محتوا را بیان کنید.
- حیطه نشر آزادی اطلاعات را بشناسید.
- سانسور را تعریف کنید.

۶-۱-۲ اقسام پالایش محتوا

سیاستهای مربوط به محتوا متنوع هستند[۲]. یکی از این سیاستها مربوط به پالایش محتوا یا فیلترینگ (**filtering**) است. غالباً موضوع پالایش محتوا با موضوع آزادی بیان، جریان آزاد اطلاعات و حق ارتباطات که از جمله حقوق بشر محسوب گردیده است رابطه

۲- برای اطلاع بیشتر از انواع این سیاستها به منبع ذیل مراجعه کنید: حمید شهریاری، *سند راهبردی جامعه اطلاعاتی ایران*، دبیرخانه شورای عالی اطلاع‌رسانی، تهران، ۱۳۸۷.

معکوس دارد. یعنی پالایش محتوا، محدودیت در آزادی بیان، در جریان آزاد اطلاعات و در حق ارتباطات را موجب می‌شود. معمولاً دولتها به دلیل مسائلی که به امنیت ملی اجتماعی و فرهنگی آنها مربوط می‌شود، خود را محق می‌دانند که به پالایش محتوا اقدام کنند.

گرچه پالایش محتوا، غالباً امری خلاف حقوق بشر تلقی شده است، ولی این تلقی دقیق و صحیح نیست چون در پالایش برخی از محتواها اجماع بین‌المللی وجود دارد. بنابر این می‌توان ادعا کرد که در لزوم و درستی پالایش برخی از محتواها به دلیل اجماع بین‌المللی تردیدی نیست. از این نظر می‌توان محتواها را به دو دسته تقسیم کرد:

دسته اول که اجماع بین‌المللی بر لزوم کنترل و پالایش آن وجود دارد. از جمله این موارد می‌توان به هرزه‌نگاری و هرزه‌نمایی کودکان، مسائل مربوط به توجیه نسل‌کشی‌های تاریخی، تحریک یا سازماندهی افعال تروریستی و مانند آن اشاره کرد که قوانین به اجماع بین‌المللی ممنوع اعلام گردیده است.

دسته دوم شامل محتواهایی است که برای کشورهای خاصی، ادیان خاصی، اقوام یا گروههای خاصی با توجه به ارزشهای مورد احترام آنها، حساسیت‌زا است. در حال حاضر با توجه به فرایند جهانی شدن، ارزشهای دینی و فرهنگهای محلی با چالش رو به تزاید میل به سوی تک‌فرهنگی شدن با گرایش زبان و فرهنگ انگلیسی مواجهند و تنوع و تکثر فرهنگهای جهانی با خطراتی روبرو شده است. در عین حال فرهنگهای محلی همچنان به این فرایند حساس‌اند و در برابر آن مقاومت، و بر هنجارها و ارزشهای خود تأکید می‌کنند.

آنها تلاش می‌کنند با تولید اطلاعات با خط و زبان و بافت بومی در کنار پالایش محتواهای مغایر با ارزشهای بومی، فرایند جهانی شدن را در فضای فرهنگی خود مدیریت کنند. از جمله این موارد، دولت فرانسه و نیز آلمان از شرکت یاهو خواسته‌اند تا از دسترسی شهروندانشان به پایگاههای اطلاعاتی که محصولات و نشانهای حزب نازی را به فروش می‌رسانند، منع کند.

در اغلب کشورهای اسلامی، داده‌های هرزه‌نگاری مغایر با اصول و ارزشهای اسلام است و از انتشار آنها در وبگاههای داخلی جلوگیری می‌شود. در باب وبگاههای مربوط به قماربازی و محرمات دیگر شغلی نیز همین طور است. در برخی از کشورهای جهان سوم و نیز کشورهای در حال توسعه، با توجه به اقتدار رسانه‌ای استکبار جهانی، روشهای مختلف پالایش محتوا برای پیش‌گیری از مخدوش شدن امنیت ملی و اجتماعی آن کشورها صورت می‌گیرد. در مقابل دولتهای غربی ذی‌نفع همواره این کشورها را به فقدان نشر آزاد اطلاعات و عدم رعایت حق ارتباطات و نقض حقوق بشر متهم می‌کنند. (Internet Governance, Diplo, ۲۰۰۵, pp)

یک بحث کامل از پالایش محتوا می‌تواند شامل این مباحث باشد:

۱. حکم ارزشی نشر آزاد اطلاعات
۲. تعریف پالایش محتوا
۳. تعیین مصادیق پالایش محتوا
٤. حکم ارزشی پالایش محتوا
۵. حکم ارزشی موارد تعارض

در ادامه به ترتیب به این مسائل می‌پردازیم. البته باید توجه داشت که مورد سوم یک بحث مصداقی و مربوط به حوزه عمل است و از مباحث این کتاب خارج است.

۶-۱-۳ حکم ارزشی نشر آزاد اطلاعات

حق آزادی عقیده و بیان در ماده ۱۹ اعلامیه جهانی حقوق بشر چنین آمده است:

ماده ۱۹ هرکس حق آزادی عقیده و بیان دارد؛ این حق دربرگیرنده آزادی داشتن عقیده بدون مداخله، و آزادی درجست و جو، دریافت و انتقال اطلاعات و عقاید از طریق هر نوع رسانه‌ای بدون در نظر گرفتن مرزها می‌شود. (اعلامیه حقوق بشر، ماده ۱۹)

وقتی کسی حق آزادی بیان داشته باشد به طور ضمنی این حق را هم دارد که

اطلاعاتی را که آن بیان در بر دارد آزادانه نشر دهد.

لفظ نشر آزاد اطلاعات شامل اطلاعات دولتی و بخش خصوصی هر دو می‌شود. بسیاری معتقدند اطلاعات دولتی - یعنی اطلاعاتی که با سرمایه و بودجه دولت تهیه شده است - باید به طور آزاد در اختیار شهروندان قرار گیرد و هر کسی حق دسترسی آزاد به این اطلاعات را داشته باشد. به نظر این دسته، نشر آزاد اطلاعات دولتی موجب مشارکت حداکثری و نظارت مردم در امر حکومت خواهد شد، تصمیمات دولتی را شفاف می‌کند، مانع سوء استفاده از قدرت دولتی می‌شود و کاستی‌های رسانه‌ها در بیان نظرات را جبران می‌کند؛ چون مردم این اجازه را پیدا می‌کنند که خود به نشر اطلاعات همت گمارند و از آن بهره ببرند. مخفی کردن اطلاعات دولتی از مردم، بر آنها تأثیر منفی گذاشته و قدرت را از آنها دور می‌کند، در حالی که خود آنها یکی از منشأهای این قدرتند.(Berge: ۲۰۰۰،۱۰-۱۱)

در عین حال باید دانست که اصولاً مردم صاحبان اصلی قدرت و حکومت هستند که آن را با تبعیت از فرمان عقل و وحی به حاکمان لایق جامعه خود می‌سپارند تا از طرف آنها به سرپرستی جامعه بپردازند. از این رو مجموعه اطلاعات تولید شده در دولت اصالتاً متعلق به مردم است. دولتها باید در قبال سؤالات و مطالبات مردم پاسخگو باشند و یکی از روشهای لازم برای پاسخگویی، شفاف‌سازی و نشر اطلاعات دولتی است.

محرمانه نگه داشتن اطلاعات دولتی مجریان دولتی را از مردم دور می‌کند و موجب شکاف طبقاتی می‌شود. ضمن این که با نشر اطلاعات دولتی فساد اداری به نحو چشمگیری کاهش می‌یابد و بسیاری از موقعیتهای خاص را به فرصتهای برابر برای همگان تبدیل می‌کند. در این حال شهروندان به دانش تولیدی در مجموعه‌های دولتی دسترسی خواهند داشت و از آن برای ارتقای کمی و کیفی ابعاد اقتصادی و فرهنگی زندگی خویش بهره خواهند برد. و در نهایت گردش آزاد اطلاعات تولید شده در مراکز

دانشگاهی و پژوهشی بین محققان یک جامعه موجب توسعه علمی کشور خواهد شد.

در عین حال در نشر اطلاعات دولتی باید به دو نکته توجه جدی داشت: اول این که برخی از اطلاعات دولتی اطلاعاتی ملی محسوب می‌شوند، طوری که نشر آنها به صلاح شهروندان نیست. مثلاً نشر اطلاعات مندرج در بانک اطلاعات سکونتی و هویتی و بانکی شهروندان گرچه مزایایی برای همگان دارد ولی آسیب‌پذیری شهروندان را افزایش خواهد داد. بسیاری از شهروندان مایل نیستند این نوع اطلاعات آنها که حریم خصوصی آنها را مخدوش می‌سازد یا سلامت آنها را به خطر می‌اندازد، در اختیار همگان قرار گیرد. از این رو هر جا عقل جمعی شهروندان اقتضای منع نشر اطلاعاتشان را داشته باشد باید از نشر آن اطلاعات جلوگیری کرد. گاهی نشر اطلاعات از سوی دولت موجب انتشار اسرار دولتی می‌شود که قانون از انتشار آن منع کرده است. گاهی ارزشهایی همچون حفظ امنیت ملی مانع نشر اطلاعات دولتی است.

دوم این که تفاوتی جدّی بین کشورهای توسعه یافته و در حال توسعه وجود دارد. در کشورهای غربی اکثر اطلاعات به وسیله بنگاههای بخش خصوصی تولید و نگه‌داری و روزآمدسازی می‌شود و دولت نقش اندکی در تولید اطلاعات ملی و پژوهشی دارد. در حالی که در بسیاری از کشورهای در حال توسعه و جهان سوم اکثر اطلاعات ملی به وسیله دولتها تأمین و تولید می‌شود. نشر آزاد اطلاعات دولتی چرخه اقتصادی را به نفع کشورهای توسعه یافته خواهد چرخانید. جایی که در کشورهای غربی، تولید کننده عمده اطلاعات، بخش خصوصی است و از کشورهای دیگر برای ذره ذره این اطلاعات درخواست وجه می‌کنند، در کشورهای در حال توسعه، تولید کننده عمده اطلاعات بخش دولتی است که به اقتضای این اصل باید به طور آزاد نشر پیدا کند.

برای پیشگیری از این آفت، باید تأکید کرد که نشر آزاد اطلاعات دولتی در کشور ما باید به سمتی سوق یابد که منافع شهروندان کشور خودمان را در بر داشته باشد و

موجب استفاده مجانی کشورهای سرمایه‌دار از اطلاعات ما نگردد.

همان گونه که گفتیم نشر آزاد اطلاعات شامل اطلاعات بخش خصوصی نیز هست. در گام نخست همه انسانها آزادند که مطالبی را که می‌دانند به دیگران انتقال دهند. اطلاعات وقتی منسوب به انسانها باشد تبدیل به دانش شده است و انسانها آزادند دانش خود را به دیگران انتقال دهند. این یک روال عقلایی و منطقی در طول تاریخ بشر بوده که دانششان را از نسلی به نسلی دیگر منتقل می‌کرده‌اند و نشر می‌داده‌اند. در اسلام نیز بر لزوم این فرایند تأکید شده و زکات علم را نشر آن دانسته‌اند. از کتاب حضرت علی (علیه السلام) به سند موثّقی نقل شده است که خداوند پیمانی با علما دارد که علم خود را نشر دهند (الکافی، ج۱، ص ۴۱)

در اینجا نیز تذکر چند نکته از دیدگاه اخلاق اسلامی ضروری است.

اول، انسانها نباید به نشر اطلاعاتی بپردزاند که فایده‌ای برای آنها ندارد. بسیاری از اطلاعات و دانشها در حال تولید است و امروزه ابزار بسیاری برای نشر یافته‌اند ولی بسیاری از این اطلاعات در افزایش مادی و معنوی زندگی ما تأثیر ندارد. در روایتی آمده است که امیر المؤمنین (علیه السلام) به مردی گذشت که سخن بیهوده می‌گفت فرمود ای فلانی به راستی تو نامه‌ای به وسیله دو فرشته حافظ خود املا می‌کنی به سوی پروردگارت، سخن گوی بدان چه برایت فایده دارد و دم فرو بند از سخن بی‌فایده (الامالی للصدوق، ص ۳۳)

نیز در روایات متعددی ترک کردن کاری که فایده‌ای ندارد توصیه شده است مانند این روایت به سند موثقی از امام صادق علیه السلام:

«أَعْظَمُ النَّاسِ قَدْراً مَنْ تَرَکَ مَا لَا یَعْنِیهِ» (معانی الاخبار، ص ۱۹۶؛ الامالی للصدوق، ص ۲۱)

یعنی باارزشترین مردمان کسی است که کارهای بیهوده را رها کند.

دوم، علم ملازم عمل است. طبق روایتی اگر به آنچه می‌دانیم عمل نکنیم افزایش

علم موجب گمراهی و ضلالت بیشتر خواهد شد. و در روز جزا از بوی بد چنین عالمی جهنمیان در عذاب خواهند بود (الکافی، ج ۱ ص ۴۴)

سوم و مهمتر از همه این که برخی از اطلاعات موجب ضلالت و گمراهی است و نشر آنها نیز موجب گمراهی و سرگشتگی مردمان می‌شود. باید از نشر این اطلاعات پرهیز کرد. در منابع فقهی حفظ و تکثیر کتب ضلال حرام شمرده شده است. (شرائع الاسلام، ج ۲، ص ۴؛ تحریر الوسیله، ج ۱، ص ۴۹۸) در بیان کتب ضلال آمده است که شبهه‌ای را القا می‌کند بدون این که پاسخی به آن بدهد (المهذب لابن البراج، ج ۱، ص ۳۴۵) البته اگر محققی در مسیر تحقیق خود از این اطلاعات استفاده کند تا آنها را نقض کند و اهلیت این کار را نیز داشته باشد اشکالی نیست. اما اطلاع‌یابی صرف، از محتوای این نوع کتابها برای غیر محققان هدف صحیحی نیست. انسان باید همان طور که شهوات گوناگون خود را مهار می‌کند به شهوتِ دانایی نیز توجه داشته باشد. برخی از افراد به دلیل زیاده‌روی در حس کنجکاوی و شهوتِ دانستن اموری که محرم است به بیراهه می‌روند. این حس شهوانی بویژه وقتی در فضای بیکران اینترنت قدم می‌گذاریم وسوسه‌انگیز است. شایسته است انسان این شهوت خویش را مهار کند و به بهانه اطلاع‌یابی از اموری که در دنیای کنونی ما در جریان است، خود را به ورطه تصاویر و اطلاعات مستهجن و گمراه‌کننده نکشاند.

بهترین راه برای پیشگیری از این کنجکاوی مهلک، ترویج روحیه قناعت است. قناعت به دانایی اموری که سودمند هستند و به کار واجب دینی و حلال دنیایی می‌آیند و دنبال نکردن و پرهیز از ارتباطات و اتصالاتی (لینکهایی)که موجب صدمات روحی و تنزل از مقام و شأن انسانی هستند، یکی از بهترین راههای مقابله با هوا و هوسهای مشاهده اطلاعات سخیف است.

۶-۱-۴ تعریف پالایش محتوا

برای بیان مفهوم «پالایش محتوا» گاهی از کلماتی چون فیلتر کردن یا سانسور

کردن استفاده می‌کنند. فیلتر (**filter**) کلمه‌ای انگلیسی به معنای صاف کردن یا از صافی رد کردن و تصفیه و پالایش کردن است که از کلمه فلت (**felt**) به معنای نمد گرفته شده است. سانسور واژه‌ای فرانسوی است معادل آن، سنسور (**censor**) واژه‌ای انگلیسی است که از لاتین گرفته شده و اصل آن به معنای عرضه نظر، توصیه و ارزیابی است. این کلمه در لغت به این معناست: «بررسی کتاب، نمایشنامه، اخبار، گزارشها تصاویر متحرک، برنامه‌های صدا و سیما، نامه‌ها، تلگرافها، و مانند آن به هدف جلوگیری از انتشار بخشهایی است که به نظر رسیده است بر اساس مبانی اخلاقی، سیاسی، نظامی و مانند آن انتشار آنها ایراد دارد.» **(Random House Webster's Dictionary: Censor & Filter)**

سانسور کردن یعنی ایجاد محدودیت دسترسی به یک بیان یا ابراز که یا به وسیله مانع شدن گوینده از گفتار یا شنونده از دریافت آن گفتار محقق می‌گردد. منظور از «بیان یا ابراز» هر چیزی است که کسی آن را تولید می‌کند تا با دیگری ارتباط برقرار کند. دسترسی به آزادی بیان برای انسان مهم و باارزش است چون انسان سه میل درونی دارد. اول میل به ابراز دوم میل به تفکر و سوم میل به اطلاعات. میل به ابراز عبارت است از میل به بیان افکار، نگرشها و احساسات در باب امور شخصی یا انسانی و شاید از طریق همین بیان بر افکار و رفتار دیگران تأثیر گذارد. **(Cohen, ۱۹۹۳, pp. ۲۲۳-۲۳۰)** روشن است که بیان لازم نیست به صورت گزاره‌ای باشد بلکه می‌تواند به صورت یک اثر هنری، یک موسیقی یا عکس و مانند آن افکار و نگرشها و احساسات را بیان کند.

هدف از ابراز افکار، نگرشها و احساسات متعدد است. گاهی ما به هدف ایبجاد ارتباط با دیگری این کار را انجام می‌دهیم و گاهی به هدف ارزیابی آنها را عرضه می‌کنیم و گاهی نیز هدف از بیان آنها ارزیابی افکار، نگرشها و احساسات دیگران است. ما با ایجاد این گونه ارتباطات، در باب این که چه باورها و ارزشهایی را بپذیریم و چه کارهایی را انجام دهیم، به تأمل و تفکر می‌پردازیم. گاهی به هدف این که افکار، نگرشها و احساسات خود را توسعه دهیم و با افکار، نگرشها و احساسات دیگران آشنا

شویم به ابراز نظرات خود می‌پردازیم. دراین وضعیت ما در حال ارضای میل به دانستن و میل به دستیابی به اطلاعات از دیگران هستیم. اگر چنین اطلاعاتی نداشته باشیم نمی‌توانیم به بسیاری از اهداف خود برسیم.

در یک جامعه آزاد همه حق دارند این اطلاعات را کسب کنند تا به طور مؤثرتری اهداف خود را دنبال کنند. اینجاست که تلاش برای کسب اطلاعات و دانش بیشتر و تلاش برای سعادتمندی مطابق اهدافی است که فرد برای خود تعریف کرده است و ایجاد ارتباطات با دیگران به شکل‌های گوناگون به یک مهارت مورد نیاز انسان‌ها تبدیل می‌شود. در مقابل اگر مردم از حق دریافت اطلاعات ابراز شده ممنوع گردند در حقیقت از حق ارتباطات با دیگران ممنوع شده‌اند.

با این توضیحات معلوم شد که غرض از حق آزادی بیان، صرف حقِّ سخن گفتن نیست، بلکه حق ایجاد ارتباطات با همدیگر است. همواره سخنگوی حکیم به دنبال یک گوش شنوا می‌گردد و اگر آن را پیدا نکند معمولاً لب به سخن نمی‌گشاید. پس حق آزادی بیان دوسویه است: سهمی از حق متعلق به سخنگو و سهمی از حق متعلق به شنونده است. حق آزادی بیان نه تنها برای گوینده و نویسنده حق ایجاد می‌کند که بگوید یا نشر دهد بلکه مهمتر از آن این حق را به شنونده، توزیع کننده، دریافت کننده و خواننده می‌دهد که حرف‌ها را بشنود و کتاب‌ها را توزیع کند، دریافت کند و بخواند. در باب آن به تحقیق و تفکر بپردازد و آن را به دیگری بیاموزد. تمام این حقوق در حق آزادی بیان مستتر است.

تا اینجا معلوم شد که آزادی بیان شامل آزادی بیان نظرهای خود به دیگری و آزادی دریافت نظرهای دیگران هر دو می‌شود. در این حال، سانسور کردن به معنای ممانعت از این آزادی با جلوگیری کردن از گوینده یا با جلوگیری کردن از شنونده هر دو محقق می‌شود. چون ارتباط بین گوینده و شنونده دوسویه است و با منع هر یک ارتباط قطع و سانسور محقق می‌شود.

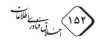

در یک تعریف دقیق از سانسور آمده است:

«سانسور کردن عبارت است از ایجاد محدودیت یا ممانعت دسترسی به یک بیان و ابراز، یا بخشی از یک بیان و ابراز، یا مقوله‌ای از بیان و ابراز، که مؤلفش آن را علنی و عمومی ساخته است، طوری که این محدودیت بر اساس این باور شکل گرفته که اگر مردم به محتوای این ابراز دسترسی پیدا کنند کار بدی انجام گرفته است.»

قید «مؤلفش آن را علنی و عمومی ساخته باشد» برای اخراج مواردی است که داخل در حریم خصوصی افراد می‌شود. منع از این نوع اطلاعات از تعریف سانسور خارج است. عمومی ساختن اطلاعات به این معناست که طوری آن را به عمد نشر دهد که هر مخاطبی که مورد خطاب گوینده است، بتواند بدان دسترسی داشته باشد. همین طور اگر پزشک از انتشار اطلاعات مربوط به بیماری مریض خود ممانعت کند مرتکب سانسور نشده است. اگر یک بیمار ایدز اطلاعات مربوط به بیماری را از همسر آینده خود پنهان کند، سانسور نکرده گرچه مرتکب خطایی شده است. سانسور یعنی ممانعت فرد ثالث از ایجاد ارتباط بین گوینده و شنونده.

همچنین از این تعریف معلوم می‌شود که سانسور اطلاعات اختصاصی به دولت و دولتمردان ندارد، گرچه هنگام اطلاق این چنین به نظر می‌رسد. چون ممکن است یک عضو خانواده نیز اطلاعات عمومی و مورد نیاز خانواده را از اعضای خانواده منع کند. در این مورد سانسور محقق شده است گرچه سانسور کننده دولت نیست.

نکته آخر این که سانسور اطلاعات لزوماً به معنای منع کامل و مطلق فرد از بیان نیست. گاهی او را تهدید می‌کنند. گاهی هزینه‌های بیان و ابراز اطلاعات را زیاد می‌کنند. گاهی فرایندهای منتهی به بیان و ابراز را طولانی یا پرزحمت می‌سازند. گاهی فرایند بیان و ابراز نیازمند ابزار و فناوری‌هایی است که به راحتی مقدور دیگران نیست. تمام این موارد اگر به عمد صورت گرفته باشد، می‌توانند مصادیقی از سانسور باشند. وقتی ماهواره‌ها و رسانه‌های پرطمطراق غربی با هزینه‌های گزاف دسترسی مردم دنیا را

به بخشی از اطلاعاتی که خود بدان مایل نیستند فراهم نمی‌کنند، یا به طور گزینشی آن اطلاعات را نشر می‌دهند، در حال سانسور اطلاعات هستند.

ذکر این نکته لازم است که در اینجا فقط به تعریف سانسور می‌پردازیم و به خوب یا بد بودن آن کاری نداریم (بحث از خوبی و بدی در قسمت بعدی بررسی می‌شود). با این تعریف معلوم می‌شود که منع دسترسی به وبگاهای هرزه‌نگاری کودکان نوعی سانسور یا پالایش محتواست، همان طور که منع عرضه محتوای دینی به نیازمندان در یک کشور کمونیستی نیز نوعی سانسور و پالایش محتوا محسوب می‌شود. به عبارت دیگر باید از تعاریفی که خوبی یا بدی سانسور را درون تعریف اخذ می‌کنند پرهیز کرد. شناخت موضوع با شناخت حکم موضوع متفاوت است. از همین جا معلوم می‌شود که تعریف سانسور به «حذف اموری که برای دولت خطرناک است یا برای اخلاق عمومی مضر است» تعریف درستی نیست. چون نباید حکم موضوع را در تعریف موضوع اخذ کرد. خطرناک بودن یا مضر بودن اطلاعات ربطی به تعریف سانسور اطلاعات ندارد. یعنی اطلاعات سانسور شده می‌تواند برای دولت خطرناک باشد یا نباشد، می‌تواند برای اخلاق عمومی مضر باشد یا نباشد. این امر بستگی به موارد دارد و نباید در تعریف آورده شود.

البته حذف بیان یا اظهاری سانسور محسوب می‌شود که نزد اعمال کننده سانسور، دسترسی به آن کار بدی باشد. به عنوان مثال اگر فرد الف مطلب ب را که فرد ج تولید کرده است یا ج گوینده آن است، به تصور این که بیان و ابراز آن کار بدی است حذف، یا از انتشار آن جلوگیری کند، سانسور محقق شده است. این که این سانسور کار بدی است یا کار خوبی است بستگی به شرایط نشر و محتوای مطلب ب دارد. در هر حال بد بودن انتشار ب نزد الف در تعریف سانسور وجود دارد، ولی این با بد یا خوب بودن کار سانسور متفاوت است. یعنی گاهی نشر مطلب ب نزد الف بد است ولی در عین حال در واقع سانسور آن ممکن است کار بد یا کار خوبی باشد.

فرض کنید خسرو فکر می‌کند که اگر پسرش مجید اطلاعات مربوط به رشته معماری را به دست آورد از مهندسی در فناوری اطلاعات منصرف می‌شود و از آنجا که خسرو رشته معماری را رشته بدی می‌داند این اطلاعات را که یک استاد معماری تهیه کرده است، از دسترس مجید دور می‌کند. از آنجا که در واقع رشته معماری رشته بدی نیست، سانسور انجام شده توسط خسرو کار بدی است.

در مقابل فرض کنید که خسرو فکر می‌کند که اگر پسرش مجید یک فیلم خارجی سانسور نشده را به دست آورد و ببیند کار بدی کرده است چون این فیلم دارای صحنه‌های خشونت و هرزه‌نگاری است. به همین جهت با مراجعه به مراکز مجاز که متصدی سانسور صحنه‌های مذکور هستند همان فیلم خارجی را به صورتی سانسور شده تهیه می‌کند و به مجید می‌دهد. در اینجا مشاهده فیلم اصلی خارجی کار بدی است، و سانسور انجام شده کار خوبی است.

در هر دو مثال بالا نزد سانسور کننده دسترسی به اطلاعات کار بدی است، ولی در مثال اول سانسور کار بدی است و در مثال دوم سانسور کار خوبی است.

۲ـ۶ اخلاق سانسور و فیلتر اطلاعات

۱ـ۲ـ۶ مفاهیم کلیدی و اهداف رفتاری

- از جمله دلیلهایی که برای جلوگیری از نشر محتواهای هرزه‌نگاری اقامه شده است:
- ألف- این محتواهای موهن، بدنامی و بی‌آبرویی صاحب محتوا، دریافت کننده، و ارسال کننده را موجب می‌شوند.
- ب- این محتواها، تنزل شأن انسانی یا فساد اخلاقی و گناه صاحب محتوا، دریافت کننده و ارسال کننده را موجب می‌شوند.
- لیبرالیستها در رد سانسور اطلاعات هرزه‌نگاری که موجب بی‌آبرویی

شخص صاحب محتوا، دریافت کننده و ارسال کننده است معتقدند انسان در بی‌آبرویی و خوش‌نامی خود آزاد است.

- همان طور که‌آزاررسانی به جسم مادی انسان گناه شرعی محسوب می‌شود، کرامت انسانی نیز یک ودیعه الهی است و تنزل دادن شأن و مقام انسانی گناه بزرگی است.
- از نظر لیبرالیستها والاترین ارزش انسانی آزادی است که حدود آن را خود آزادی تعیین می‌کند. حد آن نقض آزادی دیگران است. اما از نظر اسلام علاوه بر آن، قوانین الهی نیز حدود آزادی را تعیین و آن را محدود می‌کنند.

در پایان این بخش انتظار می‌رود:

- سه دلیل برای جلوگیری از نشر محتواهای هرزه‌نگاری اقامه کنید.
- فرق آزادی را از دیدگاه لیبرالیستها با آزادی از دیدگاه اسلامی بیان کنید.
- مواردی را که نشر آزاد اطلاعات از دیدگاه اسلام، ممنوع است برشمارید.

۲-۲-۶ نشر محتواهای هرزه‌نگاری

اطلاعاتی که در معرض فیلتر یا سانسور قرار می‌گیرند بر دو نوع‌اند. گاهی نشر برخی اطلاعات بد است به دلیل نتایج و آثار بدی که در پی دارند. در این حال بحث اخلاقی از نشر این نوع اطلاعات بستگی به نتایج و آثار نشر آنها دارد. گاهی نشر برخی اطلاعات نه فقط به خاطر نتایج و آثار بدی است که در پی دارد بلکه علاوه بر آن خود آنها نیز ذاتاً بد هستند. مثالهایی چون هرزه‌نگاری، سخنان نژادپرستانه، ترویج خشونت، کفرگویی، خیانت، و اخلال از این نوع امورند. نشر این امور ذاتاً بد است چون نوعاً شنیدن یا گفتن یا دیدن این امور می‌تواند آثاری تخریبی برای انسان در بر داشته باشد.

بد بودن این افعال تنها به دلیل نتایج بدی که این امور در بر دارند نیست. دو دلیل عقلی برای بدی نشر محتواهای هرزه‌نگاری مذکور اقامه شده است:

۱ـ دلیل اول: این محتواها موهن و موجب بدنامی و بی‌آبرویی شخص صاحب محتوا، دریافت کننده و ارسال کننده محتوا می‌شود.

در رد این استدلال گفته‌اند: که رضایت طرفین و صاحب محتوا برای ایجاد ارتباطات شرط است و در این شرایط شخصی که مورد توهین و بدنامی است نمی‌خواهد چنین چیزی را دریافت کند یا به ایجاد ارتباطاتی که موجب بدنامی او شود تمایل ندارد. بنابر این اگر ارتباطی ایجاد می‌شود که موجب انتقال اطلاعات گردد، به رضایت آنهاست و از دید آنها موجب توهین یا بدنامی به آنها نیست. ضمن این که انسانها آزادند در باب بدنامی و بی‌آبرویی یا خوش‌نامی خود تصمیم بگیرند. شاید کسی بی‌آبرو شدن را برای خویش انتخاب کند. انسانها آزادند آن گونه که می‌خواهند به زندگی ادامه دهند.

ولی باید دانست که این رد استدلال مبتنی بر مبنای لیبرالیستی است که در ادامه بحث به نقد آن خواهیم پرداخت. خواهید دید که این نوع جواب معارض با شأن و مقام انسانی است.

۲ـ دلیل دوم: محتوا باعث تنزل شأن انسانی یا فساد اخلاقی و گناه صاحب محتوا، دریافت کننده و ارسال کننده است.

اگر به تصاویر مستهجن از یک مرد یا زن نگاه شود، آن شخص (که تصویر از آن او است) از جایگاه انسانی خود تنزل خواهد یافت. حرمت او شکسته می‌شود. کرامت و شأن انسانی او نقض و همچون حیوانات تلقی خواهد شد. حتی اگر آن تصاویر به وسیله خود او و یا با رضایت خود او انتشار یابد. چون کرامت انسان امری نیست که در اختیار خود او باشد تا بتواند آن را نقض کند. همان طور که همه ما موظفیم از جسم خود محافظت کنیم و ضرر زدن به جسم نوعی بیماری روحی و نیز گناه شرعی محسوب می‌شود، همه ما موظفیم

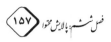

در حفظ کرامت خویش تلاش کنیم چون کرامت انسان مانند آبروی وی از امور معنوی و ودیعه‌ای الهی نزد او است. خداوند متعال فرموده است:

وَ لَقَدْ کَرَّمْنا بَنی آدَمَ (الاسراء-۷۰)

و به راستی ما فرزندان آدم را کرامت عطا کردیم.

روشن است که آسیب زدن کرامت انسان نیز نوعی بیماری روحی است و گناه شرعی هم محسوب می‌شود.

بویژه اگر از آن شخص (تصویر برداری شده) سوء استفاده شده باشد یا به او تعدی و تجاوز شده باشد، گناه مرتکب شونده (نشر دهنده تصاویر) بیشتر است. مشارکت در بهره‌برداری از تصاویر چنین وقایعی مشارکت در تداوم آن تعدی به شأن انسانی است. از دیدگاه اخلاق کانتی (۱۷۸۵) نباید با انسانها همچون یک ابزار برای اهداف خود برخورد کرد.(شهریاری، ۱۳۸۵: ۲۲۷-۲۲۸، ۱۸۵-۱۷۵ :O'Neil, 1998)

لیبرالیستهایی چون میل (۱۸۵۹) معتقدند که تنها اصلی که می‌توان طبق آن قدرت را به طور درستی بر ضد هر عضوی از جامعه متمدن و در برابر اراده او به کار گرفت، جلوگیری از صدمه به دیگران است. خیر خود شخص، خواه مادی و جسمی خواه اخلاقی و معنوی، مجوّزی کافی برای نقض اراده و آزادی افراد نیست. همچنین رونالد دورکین - از جمله کسانی که لیبرالیسم را بر مبنای حقوق بشر توجیه کرده است - بیان می‌کند که اصل «استقلال اخلاقی» دلیلی است بر رد چنین سانسورهایی. طبق این اصل انسانها «حق دارند که از وضع نامطلوب در توزیع خیرها و فرصتهای اجتماعی آسیب نبینند ... صرفاً بر این مبنا که مقامات یا همشهریانشان فکر می‌کنند اعتقادات آنها در باره راه درست راهبری زندگیشان خطا یا ننگین است (Dworkin, 1981, p. 194). منظور او این است که اگر این نوع آزادیها از شهروندان سلب شود، در حقیقت توزیع خیرها و فرصتهای اجتماعی آسیب می‌بیند و دچار وضع نامطلوبی می‌شویم و به همین جهت صاحبان قدرت حق ندارند به دلیل این که انتخاب شهروندان نادرست است از آن

ممانعت کنند. هر شهروندی آزاد است تا راه زندگی خویش را تعیین و انتخاب کند.

این جواب لیبرالیستها یک مبنای فلسفی دارد. نزد لیبرالیستها والاترین ارزش انسانی آزادی است. حدود آزادی را نیز خود آزادی تعیین می‌کند. یعنی حد آزادی نقض آزادی دیگران است و هیچ حد دیگری نمی‌تواند آزادی فردی را محدود کند. اما از دیدگاه اسلامی این مبنای درستی نیست. آزادی در شرع اسلام یک ارزش محسوب می‌شود ولی آزادی علاوه بر حدی که ذکر شد، محدود به حدود دیگری از جمله حدود الهی است. احکام الهی آزادی فردی انسانها را محدود و مشروط می‌کند. اسلام اصول ارزشی دیگری غیر از آزادی را نیز معتبر دانسته و آن را در کنار آزادی فردی و گاهی فراتر از آن توصیه می‌کند.

مثلاً در بسیاری از موارد، عفت ارزشی والاتر از آزادی است، طوری که برخی روابط آزادانه، خلاف عفت بوده و از نظر عقلایی و نیز از نظر اخلاق اسلامی مذموم است. در همه جوامع بشری به کسی که رفتارهای خلاف عفت دارد یا از این راه کسب درآمد می‌کند به دیده حقارت می‌نگرند. این امر نشان می‌دهد که عقلا این نوع رفتارها را نادرست می‌دانند و در این باب فرقی بین جوامع دینی و غیردینی نیست؛ افرادی که کارهای خلاف عفت را پیشه کرده و شغل خود قرارداده‌اند، حتی در کشورها و جوامع بی‌دین نیز در طبقه افراد پست قرار می‌گیرند.

در اسلام نیز این حکم عقلایی مورد تأکید قرار گرفته است. در روایت صحیحی از امام صادق علیه السلام نقل است که امام علی علیه السلام می‌فرمودند:

«أفضَل العِبادَة العِفاف»

والاترین عبادت عفاف و پاکدامنی است.

طبق آیات قرآن کریم یکی از دلائلی که کافران قیامت را انکار می‌کنند آن است که مایلند راهشان باز و آزاد باشد تا هر چه می‌خواهند انجام دهند.

کَلّا بَل یُریدُ الانسانُ لِیَفجُرَ اَمامَهُ یَسئَلُ اَیّانَ یَومُ القیامَة (القیامه- ۶-۵)

(انسان شک در معاد ندارد) بلکه او می‌خواهد (آزاد باشد و بدون ترس از دادگاه قیامت) در تمام عمر گناه کند! (از این رو) می‌پرسد: «قیامت کی خواهد بود»! (ترجمه مکارم)

همچنین در قرآن کریم بر لزوم رعایت حدود الهی (عمدتاً در مباحث حقوق خانواده شامل احکامی از طلاق، ارث و ظهار) تأکید فراوانی شده است. کسانی که از حدود الهی تجاوز کنند مستحق خلود در آتش جهنم شمرده می‌شوند.

وَ مَن يَعْصِ اللَّهَ وَ رَسُولَهُ وَ يَتَعَدَّ حُدُودَهُ يُدْخِلْهُ نَارًا خَالِدًا فِيهَا وَ لَهُ عَذَابٌ مُّهِينٌ (النساء-۱۴)

و هر کس از خدا و پیامبر او نافرمانی کند و از حدود مقرر او تجاوز نماید، وی را در آتشی درآورد که همواره در آن خواهد بود و برای او عذابی خفّت‌آور است. (ترجمه فولادوند)

همچنین یکی از ویژگیهای مؤمنان مجاهد، نگهبانی و مراعات حدود الهی شمرده شده است.

وَ الحَٰفِظُونَ لِحُدُودِ الله (التوبة-۱۱۲)

و پاسداران مقرّرات خدایند (ترجمه فولادوند)

از این تعبیرات مسلّم در می‌یابیم که انسان به اندازه‌ای آزاد نیست که حدود و مقرّرات الهی را زیر پا گذارد. از این رو حاکمان، حق ندارند چنین آزادیهایی را که موجب نقض حدود الهی است، به شهروندان خود اعطا کنند.

همچنین در برخی روایات به غیرت به عنوان یکی از اوصاف الهی تأکید شده و مؤمنان به این صفت ترغیب شده‌اند. این صفت از اوصاف ابراهیم نبی علیه السلام و رسول گرامی اسلام (ص) برشمرده شده است. (الکافی، ج ۵، صص ۵۳۵-۵۳۶)

در قرآن کریم هم به مردان و زنان توصیه شده که چشم خویش از محرمات بپوشانند:

قُل لِّلْمُؤْمِنِینَ یَغُضُّواْ مِنْ أَبْصَارِهِمْ وَ یحْفَظُواْ فُرُوجَهُمْ ذَالِکَ أَزْکیَ لهَُمْ إِنَّ اللَّهَ خَبِیرُ بِمَا یَصْنَعُونَ(*) وَ قُل لِّلْمُؤْمِنَاتِ یَغْضُضْنَ مِنْ أَبْصَرِهِنَّ وَ یحْفَظْنَ فُرُوجَهُنَّ وَ لَا یُبْدِینَ زِینَتَهُنَّ إِلَّا مَا ظَهَرَ مِنْهَا وَ لْیَضْرِبْنَ بخُِمُرِهِنَّ عَلیَ جُیُوبهِنَّ وَ لَا یُبْدِینَ زِینَتَهُنَّ... (النور، ۳۰-۳۱)

به مردان با ایمان بگو: «دیده فرو نهند و پاکدامنی ورزند، که این برای آنان پاکیزه‌تر است، زیرا خدا به آنچه می‌کنند آگاه است.» (۳۰) و به زنان با ایمان بگو: «دیدگان خود را [از هر نامحرمی] فرو بندند و پاکدامنی ورزند و زیورهای خود را آشکار نگردانند مگر آنچه که [طبعاً] از آن پیداست. و باید روسری خود را بر گردنِ خویش [فرو] اندازند، و زیورهایشان را جز برای شوهرانشان یا ...آشکار نکنند ...(۳۱) (ترجمه فولادوند)

از این آیات استفاده می‌شود که نظر به نامحرم حرام است و حفظ خویشتن از نگاه نامحرمان نیز واجب است. همچنین در حدیث مناهی نبوی از نگاه کردن به عورت دیگران نهی شده است:

وَ نَهَی أَنْ یَنْظُرَ الرَّجُلُ إِلَی عَوْرَةِ أَخِیهِ الْمُسْلِمِ وَ قَالَ مَنْ تَأَمَّلَ عَوْرَةَ أَخِیهِ لَعَنَهُ سَبْعُونَ أَلْفَ مَلَکٍ وَ نَهَی الْمَرْأَةَ أَنْ تَنْظُرَ إِلَی عَوْرَةِ الْمَرْأَة (الامالی للصدوق، ص ۴۲۵)

و (پیامبر نهی کرد) از نگاه مسلمان به عورت برادر مسلمانش. فرمود هر که در عورت برادر خود تأمل کند هفتاد هزار فرشته او را لعن کنند، قدغن کرد که زن به عورت زن نگاه کند (ترجمه کمره‌ای)

این نهی خطاب به دریافت کننده و ارسال کننده اطلاعات هر دو است. همچنین فردی را که اطلاعات در مورد او است نیز شامل می‌شود. وقتی نگاه کردن حرام باشد، نشان دادن نیز به طریق اولی حرام است چون علاوه بر این، در آیه قرآن غض نظر و فرو بستن چشم و نیز حفظ عورت واجب شمرده شده است. در این مقام فرقی بین

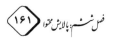

حکم زن و مرد نیست.

از همین جا روشن می‌شود که در اسلام نشر آزاد اطلاعات اموری را که موجب نقض حدود الهی شود، شامل نمی‌شود.

آنچه گفته شد مربوط به یکی از استثناهای نشر آزاد اطلاعات، یعنی هرزه‌نگاری بود. استدلال در هر یک از استثناهای دیگر نیز بر همین سبک قابل اقامه است.

منابع و مآخذ

منابع فارسی

۱. ***القرآن الکریم***: به همراه ترجمه آیه الله ناصر مکارم شیرازی و عزت الله فولادوند.

۲. آیتی، حمید،(۱۳۷۵) حقوق آفرینشهای فکری با تأکید بر آفرینشهای ادبی و هنری، تهران، نشر حقوقدانان.

۳. الاحسائی، ابن ابی جمهور ابو جعفر محمد بن علی بن ابراهیم ،(۱٤۰۵ ق) ***عوالی اللئالی***، قم، انتشارات سید الشهداء.

٤. ابن البراج، القاضی، عبد العزیز بن نحریر الطرابلسی،(۱٤۰٦) ***المهذب البارع***، قم انتشارات جامعه مدرسین.

۵. اشتیاق ، وحید (۱۳۷۱)، «نظر چند تن از فقها و آیات عظام پیرامون حقوق مالکیت‌های فکری»، رهنمون، ۲ و ۳، پاییز و زمستان.

٦. ***اعلامیه حقوق بشر***، قابل دسترسی در پایگاه **http://lawblog.ir/elamiye.htm**.

۷. الستی، ساناز (۱۳۸۳)، *حقوق کیفری مالکیت ادبی و هنری* (در ایران و بررسی تطبیقی آن با آمریکا و قراردادهای بین‌المللی)، تهران، نشر میزان.

۸. پاینده، ابوالقاسم (۱۳۸۲)، ***نهج الفصاحه***، تهران، دنیای دانش، چاپ چهارم.

۹. جعفری، محمد(۱۳۸۵)، ***مبانی امنیت فضای رایانه‌ای***، نشر علوم پایه، تهران.

۱۰. حر العاملی، الشیخ محمد بن حسن بن علی (۱٤۰۹ق)، ***وسائل الشیعه***، قم، مؤسسه آل البیت لاحیاء التراث.

۱۱. حلی، حسن بن یوسف بن المطهر(۱۹۸۲)، ***نهج الحق و کشف الصدق***، بیروت، دار الکتب اللبنانی.

۱۲. حلی، نجم الدین جعفر بن الحسن (۱٤۰۸ ق). ***شرایع الاسلام فی مسائل الحلال و الحرام***، قم.

۱۳. خمینی، روح الله(بی‌تا)، ***تحریر الوسیله***، الطبعه الاولی، مؤسسه دار العلم، قم.

۱٤. ________(۱۳٦٤)، ***صحیفه نور***، تهران، مؤسسه تنظیم و نشر آثار امام خمینی.

۱۵. رضی، سید شریف (۱٤۱٤ق)، ***نهج البلاغه***، قم، هجرت.

۱٦. سالارپور گل ختمی، اکرم (۱۳۸٦)، **«امور حقوقی و داوری: معیارهای حمایت از علامت تجاری»**، *نامه اتاق بازرگانی*، ٤٦۸، فروردین.

۱۷. شبیری، حسن (۱۳۸۳)، **«مبانی فقهی مالکیت معنوی نرم‌افزار»**، *ره آورد نور* ، ش ٦.

۱۸. شهریاری، حمید (۱۳۸۳)، **اخلاق فناوری اطلاعات**، *ره‌آورد نور*، ش ۷.

۱۹. ________(۱۳۸۵)، ***فلسفه اخلاق در تفکر غرب از دیدگاه السدیر مک‌اینتایر***، تهران، مرکز تحقیق و توسعه علوم انسانی(سمت).

۲۰. شهریاری، حمید (۱۳۸۷)، ***سند راهبردی جامعه اطلاعاتی ایران***، تهران، دبیرخانه شورای عالی اطلاع‌رسانی.

۲۱. شهیدی، جعفر (۱۳۷۸)، ***ترجمه نهج البلاغه***، تهران، شرکت انتشارات علمی و فرهنگی، چاپ۱٤.

۲۲. صدوق، محمد بن علی بن بابویه (۱٤۰۰ق)، ***الامالی***، بیروت، الاعلمی، چاپ پنجم.

۲۳. ________(۱٤۰۳ق)، ***الخصال***، مؤسسه النشر الاسلامی، قم، ج ۲.

۲٤. ________(۱۳٦٤)، ***ثواب الاعمال***، قم،انتشارات شریف رضی، چاپ دوم.

۲۵. ________(۱٤۱۳ق)، ***من لا یحضره الفقیه***، قم، انتشارات جامعه

مدرسین، ج ٤.

۲٦. _____(۱۳٦۱)، **معانی الاخبار**، قم، انتشارات جامعه مدرسین.

۲۷. صفریان، فرهاد(۱۳۷۸)، سیر تاریخی حقوق مالکیت ادبی و هنری

۲۸. طباطبایی، محمد حسین(۱٤۱۷ق)، **المیزان فی تفسیر القرآن**، قم، انتشارات جامعه مدرسین.

۲۹. طبرسی، رضی‌الدین حسن بن الفضل(۱۳۷۰)، **مکارم الاخلاق**، قم، شریف رضی، قم.

۳۰. طریحی، فخر الدین(۱۳۹۵ق)، **مجمع البحرین و مطلع النیرین**، قم، اسماعیلیان.

۳۱. غریبی، ضرغام(۱۳۸۲)، «روشهای حل و فصل بین‌المللی اختلافات در حقوق مالکیت معنوی»، مجله حقوقی، ۲۹، پاییز و زمستان.

۳۲. کاپلستون، فردریک چارلز(۱۳٦۲)، **تاریخ فلسفه یونان و روم**، ترجمه سید جلال الدین مجتبوی، تهران، ج ۱.

۳۳. کلینی، محمد بن یعقوب(۱۳٦۵)، **الکافی**، تهران، دارالکتب الاسلامیه، چاپ چهارم.

۳٤. مؤلفان ویکی‌پدیا، «تاریخ اینترنت»، ویکی‌پدیا، دانشنامهٔ آزاد،
http://fa.wikipedia.org/w/index.php?title=تاریخ اینترنت&oldid=۲۳۰۹۰٤٦

۳۵. بازیابی در ۳، اوت، ۲۰۰۹.

۳٦. مجلسی، محمد باقر(۱٤۰٤ق)، **بحار الانوار**، بیروت، مؤسسه الوفاء.

۳۷. مرکز تحقیقات کامپیوتری علوم اسلامی(۱۳۷۸)، **جامع الاحادیث نور ۲/۵**، قم، ۱۳۷۸.

۳۸. معتمدنژاد، کاظم (۱۳۸۲)، **اجلاس جهانی سران در باره جامعه اطلاعاتی**،

تهران، پدیده گوتنبرگ.

۳۹. ________(۱۳۸٤)، جامعه اطلاعاتی، اندیشه‌های بنیادی، دیدگاه‌های انتقادی و چشم‌اندازهای جهانی، تهران، پدیده گوتنبرگ،چاپ اول.

٤۰. مکارم شیرازی، ناصر(۱۳۷٤)، ***تفسیر نمونه***، تهران، دار الکتب الاسلامیه.

٤۱. موسوی، رضا (۱۳۸۳)، **«حق تألیف در حقوق اسلامی»**، *مجله دانشکده الهیات و معارف اسلامی*، دانشگاه فردوسی مشهد، شماره ٦٤، تابستان.

٤۲. مولوی رومی، جلال الدین، (۱۳۷۸)، ***مثنوی معنوی***، تهران، انتشارات پژوهش.

منابع لاتین

٤٣. **Barlow, J.P., (١٩٩١) 'Coming In to the Country', *Communications of the ACM* ٣٤ (٣).**

٤٤. **Berge, Achim (٢٠٠٠), Improved rules on public access to documents, Stockholm University.**

٤٥. **Burns, Elizabeth & Law, Stephen, (٢٠٠٥), *Philosophy for AS and A ٢*, Rutledge, New York,**

٤٦. **Bynum, Terrell Ward (٢٠٠٤), 'Ethics and Information Revolution', printed in *Ethics in the Age of Information Technology,* Linkoping University, Sweden, ٢٠٠٠, pp. ٣٢-٥٥, reprinted in *Readings in SyberEthics,* Richard A. Spinello & Herman T. Tavani, Jones and Bartlett Publishers, Inc., ٢٠٠٤, pp. ١٣-٢٩.**

٤٧. **Bynum, Terrell Ward & Rogerson, Simon (٢٠٠٤), *Computer ethics and professional responsibility,* Blackwell Publishing Ltd.**

٤٨. **Cohen, Joshua(١٩٩٣), 'Freedom of Expression', *Philosophy and Public Affairs,* ٢٢ (٣):٢٠٧-٢٦٣.**

٤٩. ***Copyright Law of the United States and Related Laws,* Contained in Title ١٧ of the United States Code, October ٢٠٠٧.**

٥٠. **Dworkin, Ronald (١٩٨١), 'What is Equality?', Part ١: Equality of**

Welfare. *Philosophy and Public Affairs*, ۱۰ (۳):۱۸۵-۲۴٦.

٥١. Hamilton, Christopher (۲۰۰۳), *Understanding Philosophy for AS level*, Nelson Thornes Ltd, UK.

٥٢. http://www.internetworldstats.com/statso.htm

٥٣. International Chamber of Commerce (۲۰۰۳), *Privacy Toolkit, An international business guide for policymaker*, International Chamber of Commerce, Paris.

٥٤. Jeffrey D. Sachs(۲۰۰۹), *Readiness for the Networked World*, Information Technologies Group, Center for International Development at Harvard University,۷۹ John F. Kennedy Street (۲۰۰٤), Cambridge, MA ۰۲۱۳۸ USA, http://www. Richard Spinello & Herman Tavani, Readings in Cyber Ethics, Second Edition,

٥٥. Kizza, Joseph Migga (۲۰۰۳), Ethical and Social Issues in Information Age, ۲nd edition, Springer-Verlag New York, Inc.

٥٦. _____ (۲۰۰۷) , *Ethical and Social Issues in Information Age*, ۲nd edition, Springer-Verlag New York, Inc. pp. ۱۲۹-۱٤٤.

٥٧. Kurbalija, Jovan & Gelbstein Eduardo (۲۰۰٥*), Internet Governance, Issues, Actors and Divides*, Diplo Foundation.

٥٨. Moor, J. (۱۹۸٥*),* 'What is Computer Ethics?', *Metaphilosophy*, ۱٦ (٤).

٥٩. Nissenbaum, Helen (۱۹۹۸), 'Information Technology and Ethics', *Rutledge Encyclopedia of Philosophy*, Version ۱٫۰, London, Rutledge.

٦۰. OECD Guidelines on Protection of Privacy and Transborder Flows of Personal Data, http://www.oecd.org/document/۱۸/۰٫۲۳٤۰٫en_۲٦٤۹_۳٤۲٥٥_۱۸۱٥۱۸٦_۱_۱_۱ _۱٫۰۰.html

٦۱. O'neill, Onora(۱۹۹۳), 'Kantian Ethics', *in A Companion to Ethics*, Ed., Peter Singer, Blackwell.

٦٢. Plato, *Republic,* ed. J. Adam, revised. D.A. Rees, ۱۹٦۳ *The Republic of Plato*, Cambridge: Cambridge University Press, ۲ vols.

٦٣. Random House Unabridged Webster's Dictionary, Random House

Inc., ۱۹۹۹, Censor & Filter.

٦٤. Richard Spinello & Herman Tavani(۲۰۰٤), Readings in CyberEthics, Second Edition,

٦٥. Rössler, Beate (۲۰۰٥), *The Value of Privacy*, Cambridge, Polity Press.

٦٦ Spinello, Richard A. & Tavani, Herman T. (۲۰۰٤), *Readings in SyberEthics,* Jones and Bartlett Publishers, Inc.

٦٧. Rogerson, Simon (۲۰۰۱), 'Computer and Information Ethics', printed in: *The Concise Encyclopedia of the Ethics of New Technologies,* Edited by Ruth Chadwick, Academic Press, ۲۰۰۱.

٦٨. Wiener, Norbert ۱۹٤۸, *Cybernetics: Or Control and Communication in the Animal and the Machine,* Cambridge, MA, MIT Press, Cambridge, pp. ۲۷-۲۸.

٦٩. Wikipedia contributors, 'Computer security', *Wikipedia, The Free Encyclopedia,* http://en.wikipedia.org/w/index.php? title=Computer_security&oldid=۲۸۱۳۲۸۰۷٤ (accessed April ۳, ۲۰۰۹).

۷۰. Wikipedia contributors, 'Infrastructure security', Wikipedia, The Free Encyclopedia, ۱٤ February ۲۰۰۹, ۰٦:٤۸ UTC,

a.   <http://en.wikipedia.org/w/index.php?title=Infrastructure_securit y&oldid=۲۷۰٦۱۰۹٤٥> [accessed ۱٤ February ۲۰۰۹]

۷۱. Wikipedia contributors, 'Non-repudiation', Wikipedia, The Free Encyclopedia, ٤ July ۲۰۰۹, ۱۰:۰۳ UTC,

b.   <http://en.wikipedia.org/w/index.php?title=Non-repudiation&oldid=۳۰۰۲۱۰۷۲۳> [accessed ٤ July ۲۰۰۹]

۷۲. Wikipedia contributors, 'Telecommunication', Wikipedia, The Free Encyclopedia,   ٦   July   ۲۰۰۹,   ۲۲:٥۰   UTC, <http://en.wikipedia.org/w/index.php?title =Telecommunication&oldid = ۳۰۰٦۸۷۳۲۱> [accessed ٦ July ۲۰۰۹]

۷۳. *WIPO Intellectual Property Handbook: Policy, Law and Use,* WIPO PUBLICATION,   NO.   ٤۸۹   (E),ISBN   ۹۲-۸۰٥-۱۲۹۱-۷,   WIPO ۲۰۰٤,Second Edition, pp. ٦۷-۱۱۲.